CONTABILIDAD
FINANCIERA

Contabilidad Financiera

M.A. Y C.P. Eva Raquel Solorio Sánchez

Número de Control de la Biblioteca del Congreso de EE. UU.:   2012912648
ISBN: Tapa Blanda   978-1-4633-3354-6
               Libro Electrónico   978-1-4633-3353-9

Las opiniones expresadas en este trabajo son exclusivas del autor y no reflejan necesariamente las opiniones del editor. La editorial se exime de cualquier responsabilidad derivada de las mismas.

Este libro fue impreso en los Estados Unidos de América.

Para pedidos de copias adicionales de este libro, por favor contacte con:
Palibrio
1663 Liberty Drive
Suite 200
Bloomington, IN 47403
Llamadas desde los EE.UU. 877.407.5847
Llamadas internacionales +1.812.671.9757
Fax: +1.812.355.1576
ventas@palibrio.com
419746

INDICE

PRÓLOGO

La guía para el aprendizaje significativo del curso de Contabilidad Financiera que se ofrece presenta una forma de organización tendiente a trabajar y desarrollar competencias y habilidades del estudiante por medio de la lectura con cierta constancia, el desarrollo de las actividades sugeridas, la capacidad de expresar por escrito los beneficios de los aprendizajes adquiridos y el relacionar estas experiencias con la vida real.

El modelo educativo centrado en el aprendizaje plantea prácticas educativas orientadas básicamente hacia:

Trabajo en equipo.
El conocimiento aplicado a realidades concretas.
El papel del docente como coordinador y facilitador del aprendizaje.
La participación activa del estudiante en su proceso de formación.
Aplicación de las Tecnologías de la Información y la Comunicación.
La integración de un Portafolio de evidencias de aprendizaje.

La importancia de situar al aprendizaje a partir del tratamiento de situaciones problemáticas es congruente con el enfoque de la educación basada en competencias y aparece como una de las implicaciones más trascendentes de las concepciones actuales sobre la construcción del conocimiento y su sabia aplicación.

La idea básica de este libro es construir situaciones de aprendizaje en las cuales los estudiantes logren estructurar su conocimiento de manera integrada y no acumulativa.

Su contenido esta estructurado con un orden didáctico de acuerdo a la experiencia docente de la autora, con el propósito de proporcionar al alumno el material de estudio, (teoría y práctica) que le de las bases necesarias para ir construyendo un andamiaje de los conocimientos contables que le servirán de herramienta para la toma de decisiones en el ejercicio de su profesión. Y conforme al Plan de estudios de la carrera de Licenciatura en Administración que ofrece el Instituto Tecnológico de Chihuahua II de la Dirección General de Educación Superior Tecnológica de la SEP.

LINEAMIENTOS

Presentar al alumno el curso de Contabilidad Financiera, su contenido y observación de que es una materia con conocimientos que le servirán de base para el aprendizaje de otras unidades que cursara a lo largo de su carrera, como: Contabilidad de Costos, Contabilidad Administrativa, Administración Financiera I y II, Evaluación de Proyectos, etc., he aquí su importancia.

Dinámica grupal que permita la presentación y el conocimiento de los respectivos antecedentes académicos y culturales.

Presentación del programa de estudio, forma de evaluación y Reglas de la clase.

Actividades para desarrollar las competencias de cada unidad:

a) Investigar sobre el tema, analizar las lecturas e identificar el aprendizaje principal que usted reconoce para si mismo y plasmarlo en mapas o esquemas conceptuales.

b) Discusión en equipo sobre lo investigado, llegando a una conclusión grupal.

c) La elaboración de los ejercicios, le darán evidencia de aprendizaje de la competencia que usted haya adquirido, aplicando las Tecnologías de la Información y la Comunicación.

d) Integración de un Portafolio de evidencias de aprendizaje.

UNIDAD I

FUNDAMENTOS DE CONTABILIDAD

COMPETENCIA A DESARROLLAR

- El estudiante conocerá los fundamentos básicos de la

  Contabilidad, su Normatividad e importancia para la

  Administración en las organizaciones.

Unidad I   Fundamentos de Contabilidad

Lineamientos:

a) El alumno investigará qué es Contabilidad, sus antecedentes, su obligación legal y las Normas de Información Financiera.

   Identificará el aprendizaje principal que reconoce para si mismo plasmándolo en mapas o esquemas conceptuales.

b) Discusión en equipos sobre lo investigado y la antología plasmada en los puntos del 1.1 al 1.8, llegando a un resumen grupal.

1.1   Antecedentes

Toda profesión nace primero como oficio. Empieza a evolucionar y la presencia de dicha actividad en la sociedad se reviste de un estatus cada vez más elevado hasta que adquiere el rango de profesión. Es de esta manera como vemos que del oficio de curandera se evolucionó a la profesión de médico; del de defensor, a la profesión de abogado y así sucesivamente con otras profesiones. En el caso de la profesión contable, esta nace como un intento práctico de resolver problemas, y en esta afirmación estriba precisamente la justificación de la contabilidad en la sociedad de hoy.

La contabilidad es un medio para brindar información en relación a las actividades financieras realizadas por una persona o por una organización pública o privada.

Los negociantes del mundo antiguo advirtieron la necesidad de registro de sus transacciones de negocios, deudas e impuestos, y para ello utilizaron un sistema de registro muy rudimentario. Con el tiempo, estas técnicas de registro mejoraron y se desarrollaron métodos sencillos de teneduría de libros, los cuales evolucionaron gradualmente hasta llegar a los métodos modernos, más complejos, que se usan en la actualidad; y la contabilidad fue conocida como "el idioma de los negocios".

En la actualidad los métodos contables brindan con mayor facilidad y flexibilidad información financiera más completa y detallada. Esta información financiera es valiosa para los negocios, el gobierno, los bancos e individuos particulares (accionistas, acreedores, proveedores, inversionistas, empleados), porque les permite evaluar actuaciones pasadas y les ayuda a preparar planes para el futuro por medio de los cuales puedan alcanzar sus objetivos y metas financieras.

Las empresas requieren de información que contenga alta calidad para que la dirección y los mandos intermedios cuenten con elementos para la toma de decisiones, estrategias, tácticas y operativas.

La actual globalización requiere de la homogenización de la información financiera.

El Instituto Mexicano de Contadores Públicos, A.C., es el órgano rector de la contaduría, y de su comisión de Principios de Contabilidad emanan los pronunciamientos que se conocen como Principios de Contabilidad, que deberán observar las empresas, en el presente son las Normas de Información Financiera.

1.2 Concepto de Contabilidad

Definición del Instituto Mexicano de Contadores Públicos:

"La contabilidad financiera es una técnica que se utiliza para producir sistemática y estructuradamente información cuantitativa expresada en unidades monetarias de las transacciones que realiza una entidad económica y de ciertos eventos económicos identificables y cuantificables que la afectan, con el objeto de facilitar a los diversos interesados el tomar decisiones en relación con dicha entidad económica"[1]

Definición Romero Javier:

"Contabilidad financiera es la técnica mediante la cual se registran, clasifican y resumen las operaciones realizadas y los eventos económicos, naturales y de otro tipo, identificables y cuantificables que afectan a la entidad, estableciendo los medios de control que permitan comunicar información cuantitativa expresada en unidades monetarias, analizada e interpretada, para que los diversos interesados puedan tomar decisiones en relación con dicha entidad económica."[2]

Se desprende que la contabilidad es el proceso inicial para producir información financiera que sirva para la toma de decisiones.

La base es que todo evento económico identificable y cuantificable debe captarse a través de un sistema de control interno para después medirla en términos monetarios y clasificarla como activo, pasivo, capital, ingresos, costos o gastos, registrarla en los libros de contabilidad y resumirla con claridad en la información financiera.

1.3 Obligación legal de la contabilidad

Existe una serie de disposiciones legales que obligan a las entidades a llevar adecuados sistemas de contabilidad, lo cual se establece en el Código Fiscal de la Federación (CFF) y su reglamento (RCFF), Ley del Impuesto Sobre la Renta (ISR) y su reglamento (RISR), Ley del Impuesto al Valor Agregado (IVA) y el Código de Comercio (CC), procediendo a enunciar solo algunas.

ART.   **LEY**

28	Código fiscal de la federación	Reglas sobre libros
30	Código fiscal de la federación	Plazo de conservación
30-a	Código fiscal de la federación	Información de clientes y proveedores.[3]
26	Reglamento del Código fiscal de la federación.	Requisitos de los registros
27	Reglamento del Código fiscal de la federación	Tipos de registro [4]
31	Reglamento del Código fiscal de la federación	Diseños sistemas y diagramas
32	Reglamento del Código fiscal de la federación.	Contabilidad simplificada
33	Reglamento del Código fiscal de la federación.	Inutilización parcial
34	Reglamento del Código fiscal de la federación.	Lugar de la contabilidad
35	Reglamento del Código fiscal de la federación.	Nuevos libros
58	Ley Impuesto sobre la renta	Llevar registros contables
59	Ley Impuesto sobre la renta	Sucursales extranjeras [5]
64	Reglamento de la Ley del Impuesto Sobre renta	Sucursales extranjeras [6]
32	Ley Impuesto al valor agregado	Llevar contabilidad [7]
33	Código de Comercio	Mantener contabilidad [8]

1.4 Información contable y característica

La contabilidad tiene como objetivo generar información útil para la toma de decisiones de usuarios tales como administradores, banqueros, inversionistas, dueños, público en general, empleados, autoridades gubernamentales, etc. Para alcanzar dicho objetivo, la contabilidad se auxilia de herramientas tales como: Normas de Información Financiera, Reglas de valuación, Reglas de presentación, Estados Financieros, etc.

1.5 Campos de la Contabilidad

Como la contabilidad sirve a un conjunto de usuarios, se originan diversas ramas:

Contabilidad Financiera. Sistema de información que expresa en términos cuantitativos y monetarios las transacciones que realiza una entidad económica, así como ciertos acontecimientos económicos que le afectan, con el fin de proporcionar información útil y segura a usuarios externos a la organización.

Contabilidad Administrativa. Sistema de información al servicio de las necesidades internas de la administración, con orientación pragmática destinada a facilitar las funciones administrativas internas de planeación y control, así como a la toma de decisiones.

Contabilidad de Costos. Es una rama importante de la Contabilidad Financiera, que implantada e impulsada por las empresas industriales, permite conocer el costo de producción de sus productos, fundamentalmente la determinación de los costos unitarios, mediante el adecuado control de sus elementos; materia prima, mano de obra y gastos indirectos de fabricación.

Contabilidad Fiscal. Sistema de información diseñado para dar cumplimiento a las obligaciones tributaras de las organizaciones respecto de un usuario específico: El fisco.

Contabilidad Gubernamental Nacional. Incluye tanto la contabilidad llevada por las empresas de sector público de manera interna (Un ejemplo serían las secretarias de estado o cualquier dependencia de gobierno) como la contabilidad nacional, en la cual se resumen todas las actividades del país, incluyendo sus ingresos y sus gastos.

Comparación de la Contabilidad Financiera y la Administrativa, según Guajardo Gerardo, [9]

1. La contabilidad financiera esta organizada para producir información para usuarios externos a la administración. Dichos usuarios pueden ser accionistas, proveedores, instituciones bancarias, acreedores diversos, empleados, clientes, organismos reguladores y de gobierno.

   La contabilidad administrativa está organizada para producir información para usuarios internos.

2. La contabilidad financiera genera información de eventos transcurridos en el pasado, por ello se dice que es esencialmente histórica. En cambio, la contabilidad administrativa esta enfocada hacia el futuro.

3. La contabilidad financiera se encuentra regulada por pronunciamientos emitidos por la Comisión de Principios de Contabilidad del Instituto Mexicano de Contadores Públicos; la contabilidad administrativa esta regulada por las necesidades y preferencias de los administradores de cada entidad económica.

1.6 Aplicación de la contabilidad en la administración

Todo inicio de operaciones mercantiles debe estar bien respaldado por una definición clara de su estructura administrativa, incluyendo en ésta los puestos, funciones y responsabilidades de cada integrante de la organización.

Área	Actividades
Ventas	• Vender • Promover productos
Compras	• Adquirir mercancías y otros activos • Mantener cotizaciones actualizadas de los proveedores.
Producción	• Programar y realizar la producción • Mantener en buenas condiciones el equipo productivo.
Almacén	• Recibir los embarques de proveedores • Inspeccionar los embarques y cotejarlos contra las especificaciones de la orden de compra.

Créditos y cobranzas	• Autorizar crédito • Mantener los saldos de clientes • Programar y realizar la cobranza
Tesorería y finanzas	• Recibir la cobranza • Expedir cheques • Hacer depósitos bancarios • Elaborar Proyecciones Financieras.
Personal	• Contratar, promover, despedir personal. • Mantener un archivo por empleado, manteniendo su documentación personal: Inscripción en el IMSS, SAR, vacaciones, ausentismo, etc.
Contabilidad	• Mantener libros y registros contables • Elaborar Estados Financieros • Cumplir con las obligaciones fiscales.

1.7 Normas de Información Financiera.

Durante más de 30 años, la Comisión de Principios de Contabilidad (CPC) del Instituto Mexicano de Contadores Públicos A. C. (IMCP) fue la encargada de emitir la normatividad contable en nuestro país, en boletines y circulares de Principios de Contabilidad Generalmente Aceptados. En este conjunto de boletines se establecieron los fundamentos de la contabilidad financiera en los que se basó no sólo el desarrollo de normas particulares, sino también la respuesta a controversias o problemáticas derivadas de la emisión de estados financieros de las entidades económicas. Indiscutiblemente, la CPC desempeñó esta función con un alto grado de dedicación, responsabilidad y profesionalismo.

A partir del 1º de junio de 2004, es el Consejo Mexicano para la Investigación y Desarrollo de Normas de Información Financiera, A. C. (CINIF) el organismo independiente que, en congruencia con la tendencia mundial, asume la función y la responsabilidad de la emisión de la normatividad contable en México.

El CINIF es un organismo independiente en su patrimonio y operación, constituido en el año 2002 por entidades líderes de los sectores público y privado, con objeto de desarrollar las "Normas de Información Financiera" (NIF) con un alto grado de transparencia, objetividad y confiabilidad, que sean de utilidad tanto para emisores como para usuarios de la información financiera.

Desde luego, el propio IMCP ha sido promotor de la constitución del CINIF, por lo que ha establecido ya, en el Capítulo I de sus Estatutos, apartado 1.03, inciso m), que el IMCP tiene como objetivo, entre otros:

"Adoptar como disposiciones fundamentales, consecuentemente de observancia obligatoria para los socios del Instituto, las normas de información financiera que emita el Consejo Mexicano para la Investigación y Desarrollo de Normas de Información Financiera..."

La filosofía de las **NIF** es logar, por una parte, la armonización de las normas locales utilizadas por los diversos sectores de nuestra economía y por la otra, convergir al máximo posible, con las Normas Internacionales de Información Financiera (IFRS, Internacional Financial Reporting Standard) emitidas por el Consejo de Normas

A continuación ilustramos la estructura de las NIF:[10]

Normas de Información Financiera

Marco Conceptual A1

Postulados básicos (A2)
- Sustancia económica
- Entidad económica
- Negocio en Marcha
- Devengación contable
- Asociación de costos y gastos con ingresos
- Valuación
- Dualidad económica
- Consistencia

Necesidades de los usuarios y objetivos de los estados financieros (A3)
- Información útil para la toma de decisiones

Características cualitativas de los estados financieros (A4)
- Confiabilidad
- Relevancia
- Comprensibilidad
- Comparabilidad

Elementos básicos de los estados financieros (A5)
- Activos
- Pasivos
- Capital Contable o patrimonio contable
- Ingresos, costos y gastos Utilidad o pérdida neta
- Cambio neto en el patrimonio contable
- Movimientos de propietarios, creación de reservas y utilidad o pérdida integral
- Origen y aplicación de recursos

Reconocimiento y valuación (A6)
Presentación y revelación (A7)
Supletoriedad (A8)

NIF Particulares

Normas relativas a los estados financieros en su conjunto (Serie B)
Normas aplicables a conceptos específicos de los estados financieros (Serie C)
Normas aplicables a problemas de determinación de resultado (Serie D)
Normas aplicables a actividades especializadas (Serie E)

http://www.imcp.org.mx/spip.php?article2814

1.8 Compromiso social de la contabilidad

La presencia de la contabilidad en el mundo de los negocios actual se convalida siempre y cuando ofrezca un servicio de calidad a sus clientes. Ahora bien: ¿cuál servicio presta la contabilidad a la sociedad?

La información contable va a servir a un variado número de lectores con diferentes intereses como: Los dueños, trabajadores, clientes, proveedores, acreedores, fisco e inversionistas en general, por tal motivo en su elaboración y presentación, debe procurarse no satisfacer específicamente a un grupo determinado en detrimento de otro. Por ejemplo que sucedería en el caso de que el contador sesgara la información a favor de los dueños de la empresa, los propietarios saldrían beneficiados al reducir, la utilidades, pero evidentemente los trabajadores se verían lesionados al recibir una menor cantidad como reparto de las utilidades y el fisco también resultaría dañado al no captar los impuestos correctos.

Las empresas son conductoras de personas encaminadas al logro de objetivos y estos serán alanzados en mejores condiciones de eficiencia en la medida que el sistema brinde a los administradores información útil, confiable y oportuna.

La contabilidad produce información nuestro compromiso es ser íntegros en todo lo que hagamos.

UNIDAD II

TEORÍA CONTABLE

COMPETENCIA A DESARROLLAR

- Conocerá y aplicará: La Teoría Contable y el Catálogo de Cuentas.

Unidad II Teoría Contable

Lineamientos:

c) El alumno investigará qué es un Estado Financiero para que se familiarice con su formulación y clasificación, así como con las cuentas que los integran.

Identificará el aprendizaje principal que reconoce para si mismo plasmándolo en mapas o esquemas conceptuales.

d) Discusión en equipos sobre lo investigado y la teoría plasmada en los puntos 2.1, 2.2 y 2.3, llegando a un resumen grupal.

e) Elaboración de los ejercicios qué le darán evidencia de aprendizaje de la competencia que usted haya adquirido aplicando Tecnologías de Información y la Comunicación.

f) Investigar, discutir y elaborar ejercicios sobre los puntos 2.4, 2.5 y 2.6 en Excel.

2.1 Estructura Contable

La estructura contable tiene cinco clasificaciones básicas:

1. Activo
2. Pasivo
3. Capital
4. Ingresos
5. Gastos

La estructura contable de una empresa se constituye de los recursos de que dispone para la realización de sus fines, los cuales se definen como **activo** y las fuentes de dichos recursos, las cuales pueden ser externas, las que denominamos **pasivo**, o internas llamadas **capital Social**.

Los tipos de activos son de acuerdo a la naturaleza de la empresa por ejemplo:

- El efectivo que una entidad tiene en su poder.
- El efectivo depositado en alguna institución bancaria.

- Las cuentas por cobrar que tiene pendientes con sus clientes o con sus empleados.
- Las mercancías disponibles para su comercialización.
- Los documentos por cobrar
- Las instalaciones físicas donde están los almacenes y oficinas.
- El terreno
- El equipo para transportar mercancías o personal.
- El mobiliario de las oficinas administrativas y de ventas.
- Pagos por anticipado cuyo beneficio lo recibiremos en un futuro.

Clasificación del activo:

Circulante.- Bienes como el efectivo, mercancías, cuentas por cobrar, etc., tienen la característica de que están en constante giro, lo cual conviene a la empresa.

Fijo.- Los bienes o inversiones permanentes, (pero también recuperables), como los terrenos, edificios, muebles y equipo en general, (que se han adquirido no para negociarse sino para uso de la empresa para poder proporcionar un buen servicio).

Diferido.- Son los servicios pagados por adelantado, como el caso de pólizas de seguro, de ciertos arrendamientos, etc., de cuyos beneficios se van a emplear en determinado tiempo futuro.

El pasivo representa lo que el negocio debe a otras personas o entidades, por ejemplo:

- Las cuentas por pagar a proveedores.
- Los documentos por pagar
- Los impuestos por pagar
- Los sueldos por pagar a empleados
- Los prestamos bancarios por pagar a corto y largo plazo
- Cobros efectuados por anticipado cuyo servicio lo otorgaremos en un futuro.

Clasificación del pasivo:

Como se trata de deudas, sólo se clasifican las deudas a corto plazo de las de a largo plazo.

Circulante.- Acreedores a un plazo no mayor de un año.

Fijo.- Acreedores a más de un año.

Diferido.- Cobros efectuados por adelantado, (rentas, suscripciones, etc.), cuyo servicio debemos.

El capital es la aportación de los dueños conocidos como accionistas.

- Capital Social

Los ingresos representan recursos que recibe el negocio por la venta de un producto o servicio, en efectivo o a crédito. Algunos ejemplos de ingresos son:

- Ventas. Ingresos percibidos por la venta de un producto a un cliente.

- Ingresos por honorarios. Los ingresos obtenidos por servicios profesionales que presta un contador, médico, abogado, dentista, etc.

Los gastos se refieren a activos que se han usado o consumido en el negocio con el fin de obtener ingresos. Los gastos disminuyen el capital cuando son mayores que los ingresos. Algunos tipos de gastos son:

- Los sueldos y salarios que se pagan a los empleados del negocio.
- La renta del negocio.
- Los servicios públicos como teléfono, luz y agua.
- La publicidad que efectúa la empresa.

Los gastos se clasifican en gastos de operación, (necesarios para que la empresa pueda efectuar sus operaciones) y otros gastos.

Los gastos de operación se clasifican en:

- Gastos de venta
- Gastos de administración
- Gastos Financieros

Otros gastos son los que se realizan eventualmente o que no están relacionados directamente con el giro principal de la empresa por ejemplo:

- Utilidad en venta de activo fijo
- Ingreso por renta de terreno

Cuando dos o más personas deciden asociarse para formar una empresa, lo primero en que se piensa es en las aportaciones de cada socio a la sociedad. De tal manera que la suma de estas aportaciones es el Capital Social.

De acuerdo al giro del negocio dicho Capital tendrá que invertirse en bienes necesarios para poder empezar a dar el servicio para lo cual fue creada.

Así tenemos que el estado financiero inicial será por el importe total de las aportaciones de los socios y en que bienes se invirtió, por ejemplo:

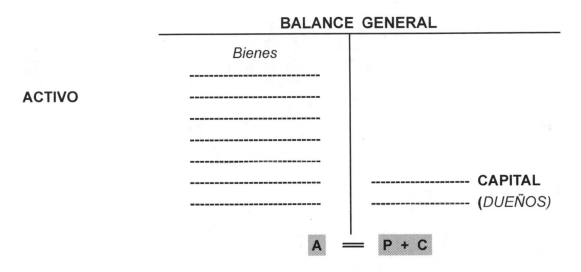

Cuando las aportaciones de los socios no alcanzan para adquirir los bienes necesarios, se tendrá que recurrir a préstamos de terceras personas.

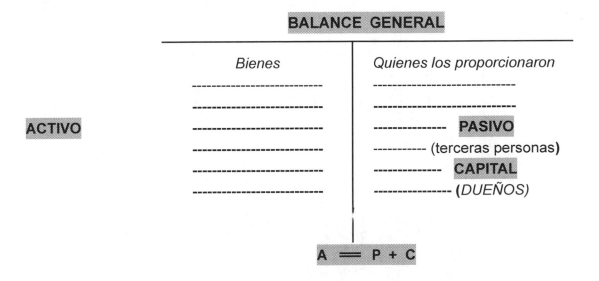

PRESENTACIÓN EN FORMA DE CUENTA

CIA. MEXICANA, S.A.
BALANCE GENERAL
AL 31 DE DICIEMBRE DEL 201_

ACTIVO

ACTIVO CIRCULANTE		
Caja	$15,000.00	
Bancos	100,000.00	
Mercancías	120,000.00	
Clientes	75,000.00	
IVA por Acreditar	5,000.00	
Deudores Diversos	1,600.00	
Documentos por cobrar	7,000.00	323,600.00
ACTIVO FIJO		
Terreno	90,000.00	
Mobiliario	25,000.00	
Equipo de Reparto	70,000.00	185,000.00
ACTIVO DIFERIDO		
Renta pagada por adelantado		12,000.00
SUMA ACTIVO		**$ 520,600.00**

PASIVO

PASIVO CIRCULANTE		
Proveedores	$95,000.00	
IVA Por Pagar	5,000.00	
Documentos por Pagar	10,500.00	110,500.00
PASIVO FIJO		
Documentos Por Pagar	10,000.00	
Acreedores Hipotecarios	22,000.00	32,000.00
PASIVO DIFERIDO		
Rentas Cobradas por Adelantado	8,500.00	151,000.00
CAPITAL CONTABLE		
Capital Social	312,000.00	
Utilidad del Ejercicio	57,600.00	369,600.00
SUMA PASIVO Y CAPITAL		**$ 520,600.00**

CIA. MEXICANA, S.A.
BALANCE GENERAL
AL 31 DE DICIEMBRE DEL 201-

PRESENTACIÓN EN FORMA DE CUENTA

ACTIVO

ACTIVO CIRCULANTE			
Caja		$15,000.00	
Bancos		198,350.00	
Almacén		129,300.00	
Clientes	$89,250.00		
Estimación cuentas incobrables	8,925.00	80,325.00	
IVA por Acreditar		17,800.00	
Anticipo a Proveedores		2,500.00	
Documentos por cobrar	4,500.00		
Estimación doc. incobrables	450.00	4,050.00	447,325.00
ACTIVO FIJO			
Terreno		225,000.00	
Edificios	145,000.00		
Depreciación acum. edificios	77,000.00	68,000.00	
Mobiliario	36,750.00		
Depreciación acum. Mobiliario	18,675.00	18,075.00	
Equipo de Reparto	105,000.00		
Depreciación acum. Eq. Reparto	55,000.00	50,000.00	361,075.00
ACTIVO DIFERIDO			
Gastos de Construcción		11,000.00	
Amortización acum Gastos de Const.		3,300.00	7,700.00
TOTAL ACTIVO			**816,100.00**

PASIVO

PASIVO CIRCULANTE			
Proveedores	175,075.00		
IVA Por Pagar	5,000.00		
Acreedores Diversos	45,200.00		
ISR Por Pagar	82,000.00		
Documentos por Pagar	46,000.00	353,275.00	
PASIVO FIJO			
Documentos Por Pagar	15,000.00		
Acreedores Hipotecarios	102,000.00	117,000.00	
PASIVO DIFERIDO			
Rentas Cobradas por Adelantado	25,000.00	25,000.00	495,275.00
CAPITAL CONTABLE			
Capital Social		300,000.00	
Utilidad del Ejercicio		20,825.00	320,825.00
SUMA PASIVO Y CAPITAL			**816,100.00**

CIA. MEXICANA, S.A.
BALANCE GENERAL
AL 31 DE DICIEMBRE DEL 201_

ACTIVO		
ACTIVO CIRCULANTE		
Caja	$ 15,000.00	
Bancos	100,000.00	
Mercancías	120,000.00	
Clientes	75,000.00	
IVA por Acreditar	5,000.00	
Deudores Diversos	1,600.00	
Documentos por cobrar	7,000.00	323,600.00
ACTIVO FIJO		
Terreno	90,000.00	
Mobiliario	25,000.00	
Equipo de Reparto	70,000.00	**185,000.00**
ACTIVO DIFERIDO		
Renta pagada por adelantado		**12,000.00**
SUMA ACTIVO		$ 520,600.00
PASIVO		
PASIVO CIRCULANTE		
Proveedores	$ 95,000.00	
IVA Por Pagar	5,000.00	
Documentos por Pagar	10,500.00	**110,500.00**
PASIVO FIJO		
Documentos Por Pagar	10,000.00	
Acreedores Hipotecarios	22,000.00	32,000.00
PASIVO DIFERIDO		
Rentas Cobradas por Adelantado		8,500.00
SUMA PASIVO		151,000.00
CAPITAL CONTABLE		369,600.00
Capital Social	312,000.00	
Utilidad del Ejercicio	57,600.00	
SUMA PASIVO Y CAPITAL		$ 520,600.00

EJERCICIO DE CLASIFICACION DE CUENTAS PARA ELABORAR EL BALANCE GENERAL.

Utilizando los siguientes datos, elabore el BALANCE GENERAL calsificado:

Caja	$ 1,000	Documentos por Pagar	670,000
Cuentas por pagar	14,445	Mercancías	574,000
Cuentas por cobrar	35,072	Intereses por cobrar	172
Bancos	75,200	Seguro pagado por adelantado	18,315
Capital Social	373,070	Utilidad del ejercicio	516,628
Intereses por pagar	466	Sueldos por pagar	213,000
Documentos por cobrar	17,200	Renta pagada por adelantado	120,000
Edificio	918,800	Equipo de oficina	328,800
Renta cobrada por adelantado	300,950		

CIA. MEXICANA, S.A.
BALANCE GENERAL
Al 31 de Diciembre del 201__

ACTIVO			PASIVO		
Activo Circulante			**Pasivo Circulante**		
Caja	$ 1,000		Sueldos por Pagar	$ 213,000	
Bancos	75,200		Cuentas por Pagar	14,445	
Mercancías	574,000		Documentos por Pagar	670,000	
Cuentas por Cobrar	35,072		Intereses por Pagar	466	
Intereses por Cobrar	172			**897,911**	
Documentos por Cobrar	17,200	702,644			
			Pasivo Diferido		
Activo Fijo			Renta Cobrada por Adelantado	300,950	
Edificio	918,800		**TOTAL PASIVO**	**1,198,861**	
Equipo de Oficina	328,800	1,247,600			
			CAPITAL CONTABLE		
Activo Diferido			Capital Social	373,070	
Renta pagada por adelantado	120,000		Utilidad del ejercicio	516,628	
Seguro pagado por adelantado	18,315	138,315		**889,698**	
TOTAL ACTIVO		**$ 2,088,559**	TOTAL PASIVO Y CAPITAL	**$ 2,088,559**	

EJERCICIO DE CLASIFICACION DE CUENTAS PARA ELABORAR EL BALANCE GENERAL.

Utilizando los siguientes datos, elabore el BALANCE GENERAL calsificado:

Renta pagada por adelantado	$ 3,000	Documentos por Pagar	$	12,500
Acreedores Diversos	2,500	Proveedores		15,000
Hipoteca por Pagar	5,000	Edificio		22,300
Mobiliario	25,250	Bancos		7,250
Caja	500	Clientes		2,600
Renta cobrada por adelantado	1,500	Documentos por Cobrar		3,250
Gastos de Organización	2,500	Terreno		17,500
Mercancías	35,000	Capital Social		90,000
Utilidad del ejercicio	6,750	Equipo de Reparto		13,500
Deudores Diversos	600			

CIA. MEXICANA, S.A.
BALANCE GENERAL
Al 31 de Diciembre del 201___

ACTIVO				PASIVO		
Activo Circulante				**Pasivo Circulante**		
Caja	$ 500			Proveedores	$	15,000
Bancos	7,250			Acreedores Diversos		2,500
Mercancías	35,000			Documentos por Pagar		12,500
Clientes	2,600					30,000
Deudores Diversos	600			**Pasivo Fijo**		
Documentos por Cobrar	3,250	49,200		Hipoteca por Pagar		5,000
Activo Fijo				**Pasivo Diferido**		
Edificio	22,300			Renta Cobrada por Adelantado		1,500
Mobiliario	25,250			**TOTAL PASIVO**		**36,500**
Terreno	17,500					
Equipo de Reparto	13,500	78,550				
				CAPITAL CONTABLE		
Activo Diferido				Capital Social		90,000
Renta pagada por adelantado	3,000			Utilidad del ejercicio		6,750
Gastos de Organización	2,500	5,500				96,750
TOTAL ACTIVO		**$ 133,250**		**TOTAL PASIVO Y CAPITAL**	**$**	**133,250**

2.2. Teoría de la partida doble

"La aportación de Fray Luca Pacioli a la contabilidad financiera fue en el sentido de que recopiló los usos y costumbres de los comerciantes de Génova y Venecia en su libro SUMMA publicado en 1494, donde habla de la contabilidad por partida doble, además de otras valiosas contribuciones". Así lo señala Romero J.[11]

La partida doble, como teoría, descansa en el "Principio de la causalidad", es decir, *que toda causa tiene un efecto.*

Este principio es fácilmente entendido si lo comparamos con aquella ley del movimiento de Newton que nos dice que "A toda acción corresponde una reacción"

Hablando de contabilidad y de partida doble, decimos que la causa es la operación o transacción realizada por le entidad, que genera un efecto.

Es importante notar que el efecto se manifiesta en la contabilidad, siempre doble, ejemplo: una transacción muy común en las empresas es comprar mercancía a crédito.

Esta operación traerá dos efectos sobre la situación financiera de la empresa o sobre su balance, ya que al comprar, aumentará el renglón de mercancías, y también aumentará el renglón de proveedores, porque les deberemos el importe de la mercancía que nos dieron a crédito.

REGLAS DE LA PARTIDA DOBLE [12]

I.   A todo aumento de activo corresponde:

      Una disminución en el Activo
      Un aumento en el Pasivo
      Un aumento en el Capital.

II. A toda disminución de Pasivo corresponde:

      Una disminución en el Activo
      Un aumento en el Pasivo
      Un aumento en el capital

III. A toda disminución del Capital corresponde:

>Una disminución en el activo
>Un aumento en el Pasivo
>Un aumento en el Capital.

2.3 Cuentas, movimientos y saldos.

Después de cada negociación hemos visto como subsiste la igualdad del Balance, de acuerdo con la "Teoría de la Partida Doble" y sería impracticable preparar un balance después de cada transacción. En vez de ello, las operaciones se van asentando en los registros contables y la información acumulada en los mismos es la que se utiliza para preparar los Estados Financieros.

Las operaciones producen aumentos y disminuciones en el Activo, Pasivo y Capital, estos aumentos y disminuciones se registran en las cuentas.

Cuenta. Es una nota que se lleva para registrar el movimiento de un renglón de Activo, Pasivo o Capital, separadamente por los aumentos o disminuciones que experimente.

Elementos de la cuenta:

a) El título de la cuenta que se registra en la parte central, ejemplo:

b) Toda cuenta se divide en dos partes, para registrar separadamente los aumentos y disminuciones. Al lado izquierdo se le llama Debe y al lado derecho Haber.

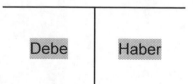

Al registro de un asiento en el lado izquierdo de una cuenta se le llama débito o Cargo; y a un asiento que se anota en el lado derecho se le llama crédito o Abono.

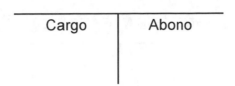

La diferencia entre el total de débitos y el total de los créditos de una cuenta es el **Saldo.**

Si la suma de los cargos es mayor que la suma de los créditos, la cuenta tendrá un *Saldo Deudor*. Y si por el contrario la suma de los créditos fuese mayor que la de los cargos, la cuenta tendrá un *Saldo Acreedor.*

Las operaciones de un negocio originan aumentos y disminuciones en su Activo, Pasivo y su Capital. Las cuentas tienen dos lados, de modo que los aumentos pueden registrarse en un lado y las disminuciones en otro. La naturaleza de la cuenta determina el lado que ha de usarse para los aumentos y el que debe usarse para las disminuciones.

Cuentas de activo. Los valores del activo se presentan en el lado izquierdo del Balance. En consecuencia los saldos de las cuentas de Activo deben estar del lado izquierdo. Para que una cuenta de Activo tenga saldo deudor, es necesario registrar los aumentos y disminuciones en la forma siguiente:

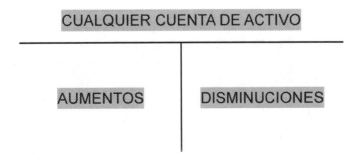

Cuentas de pasivo y capital. Ya que el pasivo y el capital se muestran al lado derecho del Balance, por uniformidad los aumentos y disminuciones deben registrase como sigue:

CUALQUIER CUENTA DE PASIVO Y CAPITAL

DISMINUCIONES   AUMENTOS

Las reglas para cargar y abonar son las siguientes:

Cuentas de Activo:

Los aumentos se registran mediante cargos
Las disminuciones se registran mediante abonos.

Cuentas de Pasivo y Capital:

Los aumentos se registran mediante abonos
Las disminuciones se registran mediante cargos.

Cuentas de Ingresos:

Los aumentos se registran mediante abonos
Las disminuciones se registran mediante cargos.

Cuentas de Gastos:

Los aumentos se registran mediante cargos
Las disminuciones se registran mediante abonos.

2.4 Balance General

Ejercicio 1; para registrar las operaciones en asientos de diario, cuentas T y de los saldos elaborar el Balance General clasificado.

Primero hágalo manualmente y después llévelo a Excel, en una hoja haciendo los enlaces de los asientos a las cuentas T y posteriormente al Balance General.

Utilice una celda para registrar el porcentaje del IVA al 16%, previendo un posible cambio de tasa del impuesto.

Saldos Iniciales: Capital aportado por los socios $17,000., Invertido en:

Caja	$ 2,000.	Bancos	$ 5,000.
Mercancías	$ 5,000.	Mobiliario	$ 5,000.

1. Se compra mercancía a crédito por $750.
2. Se vende mercancía al contado por $270.
3. Se compra Mobiliario de oficina en efectivo por $1,950.
4. Se vende mercancía a crédito por $700.
5. Se compra mercancía a crédito por $500.
6. Pagamos a nuestros proveedores $750., con cheque.
7. Se compra equipo de reparto por $5,000., firmando un documento a 18 meses.
8. Los clientes nos abonan $200., que depositamos en el banco.
9. Se compra mercancía por $470., entregamos un cheque.
10. Se compra un terreno en $50,000., pagamos con un documento a dos años.
11. Rentamos parte del terreno cobrando por adelantado 16 meses a razón de $300, por cada mes, nos pagan en efectivo.
12. Al proveedor le pagamos el saldo de su cuenta con un documento a dos meses.
13. Los clientes nos pagan $300., en efectivo.
14. Pagamos por adelantado 15 meses de renta de oficina a razón de $250., mensuales entregamos efectivo.

IVA: 16%	
Cuenta	**Cargo/Abono**

	Cuenta	Cargo/Abono				Cuenta	Cargo/Abono	
SI	Caja	$ 2,000.00			8	Bancos	$ 200.00	+
	Bancos	5,000.00	+			Clientes	200.00	-
	Mercancías	5,000.00	+					
	Mobiliario	5,000.00	+					
	Capital	17,000.00	-					
1	Mercancías	750.00	+		9	Mercancías	470.00	+
	IVA Por Acreditar	120.00	+			IVA Por Acreditar	75.20	+
	Proveedores	870.00	-			Bancos	545.20	-
2	Caja	313.20	+		10	Terreno	50,000.00	+
	Mercancías	270.00	-			Documentos por pagar +1	50,000.00	-
	IVA por pagar	43.20	-					
3	Mobiliario	1,950.00	+		11	Caja	5,568.00	+
	IVA por Acreditar	312.00	+			Renta cob. por adelantado	4,800.00	-
	Caja	2,262.00	-			IVA por pagar	768.00	-
4	Clientes	812.00	+		12	Poveedores	700.00	+
	Mercancías	700.00	-			Documentos por pagar -1	700.00	-
	IVA por pagar	112.00	-					
5	Mecancías	500.00	+		13	Caja	300.00	+
	IVA por Acreditar	80.00	+			Clientes	300.00	-
	Proveedores	580.00	-					
6	Proveedores	750.00	+		14	Renta pag. Por adelantado	3,750.00	+
	Bancos	750.00	-			IVA por Acreditar	600.00	+
						Caja	4,350.00	-
7	Equipo de Reparto	5,000.00	+					
	IVA Por Acreditar	800.00	+					
	Docum. Por Pagar +1	5,800.00	-					

	CAJA		
SI)	$ 2,000.00	2,262.00	(3
2)	313.20	4,350.00	(14
11)	5,568.00		
13)	300.00		
	8,181.20	6,612.00	
	1,569.20		

	BANCO		
SI)	5,000.00	750.00	(6
8)	200.00	545.20	(9
	5,200.00	1,295.20	
	3,904.80		

	MERCANCIAS		
SI)	5,000.00	270.00	(3
2)	750.00	700.00	(4
5)	500.00		
9)	470.00		
	6,720.00	970.00	
	5,750.00		

	IVA POR ACREDITAR	
1)	120.00	
3)	312.00	
5)	80.00	
7)	800.00	
9)	75.20	
14)	600.00	
	1,987.20	
	1,987.20	

DOCUMENTOS POR PAGAR +1

		5,800.00	(7
		50,000.00	(10
		55,800.00	
		55,800.00	

	CLIENTES		
4)	812.00	200.00	(8
		300.00	(13
	812.00	500.00	
	312.00		

	MOBILIARIO	
4)	5,000.00	
3)	1,950.00	
	6,950.00	
	6,950.00	

	TERRENO	
10)	50,000.00	
	50,000.00	

	CAPITAL SOCIAL	
		17,000.00	(SI
		17,000.00	

	EQUIPO DE REPARTO	
7)	5,000.00	
	5,000.00	

	IVA POR PAGAR		
		43.20	(2
		112.00	(4
		768.00	(11
		923.20	
		923.20	

	RENTA PAGADA POR ADELANTADO	
14)	3,750.00	
	3,750.00	

	RENTA COBRADA POR ADELANTADO		
		4,800.00	(11
		4,800.00	

	PROVEEDORES		
6)	750.00	870.00	(1
12)	700.00	580.00	(5
	1,450.00	1,450.00	

DOCUMENTOS POR PAGAR -1

		700.00	(12
		700.00	

CIA. MEXICANA, S.A.

BALANCE GENERAL

DEL 1 DE ENERO AL 31 DE DICIEMBRE DEL 201_

ACTIVO CIRCULANTE			PASIVO CIRCULANTE		
CAJA	$ 1,569.20		PROVEEDORES		-
BANCOS	3,904.80		DOCUMENTO POR PAGAR	$ 700.00	
MERCANCIAS	5,750.00		IVA POR PAGAR	923.20	
IVA POR ACREDITAR	1,987.20				1,623.20
CLIENTES	312.00		**PASIVO FIJO**		
		13,523.20	DOCUMENTOS POR PAGAR		55,800.00
			PASIVO DIFERIDO		
			RENTA COBRADA POR ADELANTADO		4,800.00
ACTIVO FIJO			SUMA EL PASIVO		62,223.20
TERRENO	50,000.00				
EQUIPO DE REPARTO	5,000.00				
MOBILIARIO	6,950.00				
		61,950.00	**CAPITAL CONTABLE**		
			CAPITAL SOCIAL		17,000.00
ACTIVO DIFERIDO					
RENTA PAGADA POR ADELANTADO		3,750.00			
SUMA EL ACTIVO	$	79,223.20	SUMA PASIVO Y CAPITAL	$	79,223.20

Ejercicio 2; para registrar las operaciones en asientos de diario, cuentas T y de los saldos elaborar el Balance General clasificado.

Primero hágalo manualmente y después llévelo a Excel, en una hoja haciendo los enlaces de los asientos a las cuentas T y posteriormente al Balance General.

1. Capital aportado por los socios $11,100., invertido en:

    Caja $ 1,500.

    Bancos   1,000.

    Mercancías   8,500.
2. Se compra Mueble de oficina por $7,000., pagamos con un documento a un mes.
3. Se compra mercancía a crédito por $950.
4. Se vende mercancía por $1,750., nos pagan en efectivo.
5. Se compra Equipo de reparto por $15,500., firmamos un documento a 15 meses.
6. A nuestro proveedor le pagamos el saldo entregándole el 10% en efectivo y el resto con un documento a tres meses.
7. Se vende mercancía por $475., entregándonos un documento a cinco meses.
8. Se compra mercancía por $775., entregamos el 55% en efectivo y el resto lo pagaremos en 15 días.
9. Se vende mercancía a crédito por $900.
10. Se paga un año de renta de oficinas por adelantado en efectivo a razón de $200., mensuales.
11. Se compra mercancía por $1,500., entregamos cheque.
12. Se efectúa un préstamo a uno de nuestros empleados por $500., entregamos un cheque.

	IVA: 16%					
	Cuenta	**Cargo/Abono**				
1	Caja	$ 1,500.00		8	Mercancías	$ 775.00	+
	Bancos	1,000.00 +			IVA por Acreditar	124.00	+
	Mercancías	8,500.00 +			Caja	494.45	-
	Capital	11,000.00 -			Proveedores	404.55	-

Asiento de apretura se tuvo que corregir el Capital para poder iniciar con igualdad.

2	Mobiliario	7,000.00 +		9	Clientes	1,044.00 +
	IVA Por Acreditar	1,120.00 +			Mercancías	900.00 -
	Documentos por pagar -1	8,120.00 -			IVA por pagar	144.00 -
3	Mercancías	950.00 +		10	Renta pag. Por adelantado	2,400.00 +
	IVA por Acreditar	152.00 +			IVA por Acreditar	384.00 +
	Proveedores	1,102.00 -			Caja	2,784.00 -
4	Caja	2,030.00 +		11	Mercancías	1,500.00 +
	Mercancías	1,750.00 -			IVA por Acreditar	240.00 +
	IVA por Pagar	280.00 -			Bancos	1,740.00 -
5	Equipo de Reparto	15,500.00 +		12	Deudores Diversos	500.00 +
	IVA por Acreditar	2,480.00 +			Bancos	500.00 -
	Documentos por pag.+1	17,980.00 -				
6	Proveedores	1,102.00 +				
	Caja	110.20 -				
	Documentos por pagar -1	991.80 -				
7	Documentos Por Cobrar	551.00 +				
	Mercancías	475.00 -				
	IVA por Pagar	76.00 -				

CAJA

SI) $ 1,500.00	110.20	(6	
4) 2,030.00	494.45	(8	
	2,784.00	(10	
3,530.00	3,388.65		
141.35			

BANCO

SI) 1,000.00	1,740.00	(11	
	500.00	(12	
1,000.00	2,240.00		
- 1,240.00			

MERCANCIAS

SI) 8,500.00	1,750.00	(4	
3) 950.00	475.00	(7	
8) 775.00	900.00	(9	
11) 1,500.00			
11,725.00	3,125.00		
8,600.00			

DOCUMENTOS POR PAGAR +1

	8,120.00	(2	
	991.80	(6	
	9,111.80		
	9,111.80		

IVA POR ACREDITAR

2)	1,120.00	
3)	152.00	
5)	2,480.00	
8)	124.00	
10)	384.00	
11)	240.00	
	4,500.00	
	4,500.00	

CLIENTES

9)	1,044.00	
	1,044.00	
	1,044.00	

MOBILIARIO

2) 7,000.00	
7,000.00	
7,000.00	

Deudores Diversos

12) 500.00	
500.00	

CAPITAL SOCIAL

	11,000.00 (SI
	11,000.00

EQUIPO DE REPARTO

5) 15,500.00	
15,500.00	

DOCUMENTOS POR COBRAR

7) 551.00	
551.00	

IVA POR PAGAR

	280.00	(4
	76.00	(7
	144.00	(9
	500.00	
	500.00	

RENTA PAGADA POR ADELANTADO

10) 2,400.00	
2,400.00	

PROVEEDORES

6) 1,102.00	1,102.00	(3
	404.55	(8
1,102.00	1,506.55	
	404.55	

DOCUMENTOS POR PAGAR +1

	17,980.00 (5
	17,980.00

CIA. MEXICANA, S.A.

BALANCE GENERAL

DEL 1 DE ENERO AL 31 DE DICIEMBRE DEL 201...

ACTIVO				PASIVO	
ACTIVO CIRCULANTE				**PASIVO CIRCULANTE**	
CAJA	$ 141.35		DOCUMENTO POR PAGAR	$ 9,111.80	
BANCOS	- 1,240.00		PROVEEDORES	404.55	
MERCANCIAS	8,600.00		IVA POR PAGAR	500.00	
IVA POR ACREDITAR	4,500.00				10,016.35
CLIENTES	1,044.00		**PASIVO FIJO**		
DEUDORES DIVERSOS	500.00		DOCUMENTOS POR PAGAR		17,980.00
DOCUMENTOS POR COBRAR	551.00				
		14,096.35			
ACTIVO FIJO			SUMA EL PASIVO		27,996.35
EQUIPO DE REPARTO	15,500.00				
MOBILIARIO	7,000.00				
		22,500.00			
			CAPITAL CONTABLE		
			CAPITAL SOCIAL		11,000.00
ACTIVO DIFERIDO					
RENTA PAGADA POR ADELANTADO		2,400.00			
SUMA EL ACTIVO		$ 38,996.35	SUMA PASIVO Y CAPITAL		$ 38,996.35

Ejercicio 3, para registrar las operaciones en asientos de diario, cuentas T y de los saldos elaborar el Balance General clasificado.

Primero hágalo manualmente y después llévelo a Excel, en una hoja haciendo los enlaces de los asientos a las cuentas T y posteriormente al Balance General.

Saldos iniciales: Caja $5,000., Bancos $1,000., Mercancías $15,500., Mobiliario $ 4,000., Proveedores $2,500., Capital $22,000.

1. Se compra mercancía a crédito por $6,000., se entrega el 15% en efectivo y el resto se queda a deber.
2. Se vende mercancía por $9,500. Nos pagan el 20% con cheque que depositamos en el banco, el resto lo quedan a deber.
3. Se compra mobiliario en $40,000., entregamos el 10% con cheque y el resto con un documento a 15 meses.
4. Se vende mercancía por $9,000. nos pagan con un cheque que depositamos en el banco.
5. Se admite a un nuevo socio que aportó: Cheques que depositamos en el banco por $1,000., y mobiliario por $5,000.
6. Se compra mercancía a crédito por $9,000.
7. Se vende mercancía por $12,000. nos pagan el 12% en efectivo y el resto con un documento a tres meses.
8. Se paga renta de oficinas por un año adelantado a razón de $3,500., mensuales entregamos cheque.
9. Se paga a los proveedores el total de nuestro adeudo con cheque.
10. Se compra equipo de reparto por $90,000., pagamos con un documento a 18 meses
11. Se renta parte de nuestro mobiliario, cobrando por adelantado 6 meses a razón de $5,500., mensuales, nos pagaron con cheque que depositamos en el banco.
12. El banco nos hace un préstamo por $50,000. que se lo pagaremos en 3 días.

º	Cuenta	IVA: 16% Cargo/Abono				Cuenta		
SI	Caja	$ 5,000.00	+		8	Renta pagada por adelantado	42,000.00	+
	Bancos	1,000.00	+			IVA Por Acreditar	6,720.00	+
	Mercancías	15,500.00	+			Bancos	48,720.00	-
	Mobiliario	4,000.00	+					
	Proveedores	2,500.00	-					
	Capital	23,000.00	-					
	Asiento de apertura se tuvo que corregir				9	Proveedores	$ 18,856.00	+
	el capital para iniciar con igualdad correcta.					Bancos	18,856.00	-
1	Mercancías	6,000.00	+					
	IVA Por Acreditar	960.00	+					
	Caja	1,044.00	-		10	Equipo de Reparto	90,000.00	+
	Proveedores	5,916.00	-			IVA Por Acreditar	14,400.00	+
						Documentos por Pag.+1	104,400.00	-
2	Bancos	2,204.00	+					
	Clientes	8,816.00	+					
	Mercancías	9,500.00	+		11	Bancos	38,280.00	+
	IVA por Pagar	1,520.00	-			Rentas cob. Por adelan	33,000.00	-
						IVA por Pagar	5,280.00	-
3	Mobiliario	40,000.00	+					
	IVA Por Acreditar	6,400.00	+					
	Bancos	4,640.00	-		12	Bancos	50,000.00	+
	Documentos por pagar +1	41,760.00	-			Acreedores Diversos	50,000.00	-
4	Bancos	10,440.00	+					
	Mercancías	9,000.00	-					
	IVA por Pagar	1,440.00	-					
5	Bancos	1,000.00	+					
	Mobiliario	5,000.00	+					
	Capital	6,000.00	-					
6	Mercancias	9,000.00	+					
	IVA por Acreditar	1,440.00	+					
	Proveedores	10,440.00	-					
7	Caja	$ 1,670.40	+					
	Documentos por cobrar	12,249.60	+					
	Mercancías	12,000.00	-					
	IVA por Pagar	1,920.00	-					

CAJA

	Debe	Haber	
SI)	5,000.00	1,044.00	(1
7)	1,670.40		
	6,670.40	1,044.00	
	5,626.40		

BANCO

	Debe	Haber	
SI)	1,000.00	4,640.00	(3
2)	2,204.00	48,720.00	(8
4)	10,440.00	18,856.00	(9
5)	1,000.00		
11)	38,280.00		
12)	50,000.00		
	102,924.00	72,216.00	
	30,708.00		

MERCANCIAS

	Debe	Haber	
SI)	15,500.00	9,500.00	(2
1)	6,000.00	9,000.00	(4
6)	9,000.00	12,000.00	(7
	30,500.00	30,500.00	

DOCUMENTOS POR PAGAR ·1

	Debe	Haber	
		41,760.00	(3
		104,400.00	(10
		146,160.00	
		146,160.00	

CLIENTES

	Debe	Haber	
2)	8,816.00		
	8,816.00	-	
	8,816.00		

IVA POR ACREDITAR

	Debe	Haber
1)	960.00	
3)	6,400.00	
6)	1,440.00	
8)	6,720.00	
10)	14,400.00	
	29,920.00	
	29,920.00	

MOBILIARIO

	Debe	Haber
SI)	$ 4,000.00	
3)	$ 40,000.00	
5)	5,000.00	
	49,000.00	

CAPITAL SOCIAL

	Debe	Haber	
		23,000.00	(SI
		$ 6,000.00	(5
		29,000.00	

DOCUMENTOS POR COBRAR

	Debe	Haber
7)	12,249.60	
	12,249.60	

EQUIPO DE REPARTO

	Debe	Haber
10)	90,000.00	
	90,000.00	

ACREEDORES DIVERSOS

	Debe	Haber	
		50,000.00	(12
		50,000.00	

IVA POR PAGAR

	Debe	Haber	
		1,520.00	(2
		1,440.00	(4
		1,920.00	(7
		$ 5,280.00	(11
		10,160.00	
		10,160.00	

RENTA PAGADA POR ADELANTADO

	Debe	Haber
8)	42,000.00	
	42,000.00	

PROVEEDORES

	Debe	Haber	
9)	18,856.00	2,500.00	SI
		5,916.00	(1
		10,440.00	(6
	18,856.00	**18,856.00**	

RENTA COBRADA POR ADELANTADO

	Debe	Haber	
		33,000.00	(11
		33,000.00	

CIA. MEXICANA, S.A.

BALANCE GENERAL

DEL 1 DE ENERO AL 31 DE DICIEMBRE DEL 201_

ACTIVO			PASIVO		
ACTIVO CIRCULANTE			**PASIVO CIRCULANTE**		
CAJA	$ 5,626.40				
BANCOS	30,708.00		IVA POR PAGAR	$10,160.00	
MERCANCIAS	-		ACREEDORES DIVERSOS	50,000.00	
IVA POR ACREDITAR	29,920.00				60,160.00
CLIENTES	8,816.00		**PASIVO FIJO**		
DOCUMENTOS POR COBRAR	12,249.60		DOCUMENTOS POR PAGAR		146,160.00
		87,320.00			
			PASIVO DIFERIDO		
			RENTA COBRADA POR ADELANTADO		33,000.00
ACTIVO FIJO			**SUMA PASIVO**		239,320.00
EQUIPO DE REPARTO	90,000.00				
MOBILIARIO	49,000.00				
		139,000.00			
			CAPITAL CONTABLE		
			CAPITAL SOCIAL		29,000.00
ACTIVO DIFERIDO					
RENTA PAGADA POR ADELANTADO	42,000.00				
SUMA EL ACTIVO		268,320.00	SUMA PASIVO Y CAPITAL		268,320.00

Ejercicio 1, Desglose del IVA, para registrar las operaciones en asientos de diario, cuentas T y de los saldos elaborar el Balance General clasificado.

Primero hágalo manualmente y después llévelo a Excel, en una hoja haciendo los enlaces de los asientos a las cuentas T y posteriormente al Balance General.

(Desglose del IVA, Tasa 16%)

Ejemplo:

Total $580., es el 116%

X será el 100% = 580/1.16 = 500.

Ahora 500 *16%=80.

1. Aportación de los socios $12,000., invertido en: Caja $1.000.; Bancos $5,000.; Mercancías $ 7,000.
2. Se compra mercancía a crédito por un *total* de $580.
3. Se compra mobiliario de oficina por un *total* de $1,160., pagamos con un cheque.
4. Se vende mercancía a crédito por un *total* de $429.20.
5. Se compra un terreno en $13,225., pagamos el 10% con cheque y el resto con un documento a 10 meses.
6. Se compra mercancía por un *total* de $870., entregamos el 20% en efectivo y el resto lo quedamos a deber.
7. Se renta parte del terreno cobrando por adelantado 15 meses a razón de un *total* de $406., mensuales, nos pagan con cheque.
8. Se adquiere un edificio por un *total* de $22,620., a pagar por medio de una hipoteca con vencimiento a 24 meses.
9. Se admite un nuevo socio y su aportación es de $5,000., en efectivo.
10. Nos rentan un local para exhibir mercancías pagando por adelantado 12 meses a razón de un *total* de $290., mensuales, pagamos en efectivo.

	Cuenta	IVA: 16% Cargo/Abono				Cuenta	Cargo/Abono	
1	Caja	$ 1,000.00	+		8	Edificio	$ 19,500.00	+
	Bancos	5,000.00	+			IVA Por Acreditar	3,120.00	+
	Mercancías	7,000.00	+			Hipoteca por Pagar	22,620.00	-
	Capital	**13,000.00**	-					
2	Mercancías	500.00	+		9	Caja	5,000.00	+
	IVA Por Acreditar	80.00	+			**Capital Social**	**5,000.00**	-
	Proveedores	**580.00**	-					
3	Mobiliario	1,000.00	+		10	Renta pagada Por adelantado	3,000.00	+
	IVA Por Acreditar	160.00	+			IVA por Acreditar	480.00	+
	Bancos	**1,160.00**	-			**Caja**	**3,480.00**	-
4	Clientes	429.20	+					
	Mercancías	**370.00**	-					
	IVA por pagar	**59.20**	-					
5	Terreno	13,225.00	+					
	Bancos	**1,322.50**	-					
	Documentos por Pagar-1	**11,902.50**	-					
6	Mercancías	750.00	+					
	IVA Por Acreditar	120.00	+					
	Caja	**174.00**	-					
	Proveedores	**696.00**	-					
7	Bancos	$ 6,090.00	+					
	Renta cobrada por adelantado	**5,250.00**	-					
	IVA Por Pagar	840.00	-					

CAJA

	Debe	Haber	
SI)	$1,000.00	174.00	(6
9)	5,000.00	3,480.00	(10
	6,000.00	3,654.00	
	2,346.00		

BANCO

	Debe	Haber	
SI)	5,000.00	1,160.00	(3
7)	6,090.00	1,322.50	(5
	11,090.00	2,482.50	
	8,607.50		

MERCANCIAS

	Debe	Haber	
SI)	7,000.00	370.00	(4
1)	500.00		
6)	750.00		
	8,250.00	370.00	
	7,880.00		

IVA POR ACREDITAR

	Debe	Haber
2)	80.00	
3)	160.00	
6)	120.00	
8)	3,120.00	
10)	480.00	
	3,960.00	
	3,960.00	

CLIENTES

	Debe	Haber
4)	429.20	
	429.20	
	429.20	

DOCUMENTOS POR PAGAR -1

Debe	Haber	
	11,902.50	(5
	11,902.50	
	11,902.50	

TERRENO

	Debe	Haber
5)	13,225.00	
	13,225.00	

MOBILIARIO

	Debe	Haber
3)	1,000.00	
	1,000.00	

EDIFICIO

	Debe	Haber
8)	19,500.00	
	19,500.00	

CAPITAL SOCIAL

Debe	Haber	
	13,000.00	(1
	$5,000.00	(9
	18,000.00	

IVA POR PAGAR

Debe	Haber	
	59.20	(4
	840.00	(7
	899.20	
	899.20	

RENTA COBRADA POR ADELANTADO

Debe	Haber	
	5,250.00	(7
	5,250.00	

PROVEEDORES

Debe	Haber	
	580.00	(2
	696.00	(6
	1,276.00	
	1,276.00	

HIPOTECA POR PAGAR

Debe	Haber	
	22,620.00	(8
	22,620.00	

RENTA PAGADA POR ADELANTADO

	Debe	Haber
10)	3,000.00	
	3,000.00	

CIA. MEXICANA, S.A.

BALANCE GENERAL

DEL 1 DE ENERO AL 31 DE DICIEMBRE DEL 201_

ACTIVO			PASIVO	
ACTIVO CIRCULANTE			**PASIVO CIRCULANTE**	
CAJA	$ 2,346.00		PROVEEDORES	$ 1,276.00
BANCOS	8,607.50		DOCUMENTO POR PAGAR	11,902.50
MERCANCIAS	7,880.00		IVA POR PAGAR	899.20
IVA POR ACREDITAR	3,960.00			14,077.70
CLIENTES	429.20		**PASIVO FIJO**	
		23,222.70	HIPOTECA POR PAGAR	22,620.00
			PASIVO DIFERIDO	
ACTIVO FIJO			RENTA COBRADA POR ADELANTADO	5,250.00
TERRENO	13,225.00		SUMA EL PASIVO	41,947.70
EDIFICIO	19,500.00			
MOBILIARIO	1,000.00			
		33,725.00	**CAPITAL CONTABLE**	
			CAPITAL SOCIAL	18,000.00
ACTIVO DIFERIDO				
RENTA PAGADA POR ADELANTADO	3,000.00			
SUMA EL ACTIVO	$ 59,947.70		SUMA PASIVO Y CAPITAL	$ 59,947.70

Ejercicio para registrar en cuentas T y de los saldos elaborar Balance General.

(*Desglose del IVA*)

1. Aportación de los socios $12,000., invertido en: Caja $1.000.; Bancos $5,000.; Mercancías $ 7,000.
2. Se compra mercancía a crédito por un *total* de $580.
3. Se compra mobiliario de oficina por un *total* de $1,160., pagamos con un cheque.
4. Se vende mercancía a crédito por un *total* de $429.20.
5. Se compra un terreno en $13,225., pagamos el 10% con cheque y el resto con un documento a 10 meses.
6. Se compra mercancía por un *total* de $870., entregamos el 20% en efectivo y el resto lo quedamos a deber.
7. Se renta parte del terreno cobrando por adelantado 15 meses a razón de un *total* de $406., mensuales, nos pagan con cheque.
8. Se adquiere un edificio por un *total* de $22,620., a pagar por medio de una hipoteca con vencimiento a 24 meses.
9. Se admite un nuevo socio y su aportación es de $5,000., en efectivo.
10. Nos rentan un local para exhibir mercancías pagando por adelantado 12 meses a razón de un *total* de $290., mensuales, pagamos en efectivo.

2.5 Catálogo de cuentas

"Catálogo de cuentas, será una lista ordenada de cuentas, esto es, un listado de las cuentas que en un momento determinado son las requeridas para el control de operaciones de una entidad quedando sujeto, por ende, a una permanente actualización" [13]

Los objetivos e importancia del catálogo pueden expresarse de la siguiente manera:

1. Es la base del sistema contable.
2. Es la base, al unificar criterios del registro uniforme de las transacciones realizadas.
3. Es la base y guía en la elaboración de presupuestos
4. Sirve de guía en la elaboración de presupuestos.
5. Imprescindible si se cuenta con un sistema de cómputo.

Al elaborar un catálogo de cuentas, debemos tomar en consideración el tipo de empresa, sus actividades, operaciones y el volumen de las mismas, para preparar una adecuada agrupación y clasificación de las cuentas y subcuentas en los diversos tipos que ya conocemos.

Clasificación:

1. *Sistema Decimal*. Se basa en la clasificación de grupos y subgrupos, tomando como base la numeración del 0 al 9.
2. *Sistema Numérico*. Se basa en la clasificación de grupos y subgrupos, asignado un número corrido a cada una de las cuentas.
3. *Sistema Nemotécnico* Se base en el empleo de letras que representan una característica especial o particular de la cuenta, facilitando con esto su recuerdo, por ejemplo, Activo = A, Activo Circulante = AC, Caja = Acc, etcétera.
4. *Sistema alfabético*. Se basa en la aplicación del alfabeto para clasificar las cuentas.
5. *Sistemas combinados*. Son una combinación de los anteriores.

Normalmente los más usados son los numéricos, combinados con el decimal, ejemplo:

CIA. TECNOLÓGICO II, S.A.

Catálogo de Cuentas

Clasificación General

1000 CUENTAS DE ACTIVO
2000 CUENTAS DE PASIVO
3000 CUENTAS DE CAPITAL CONTABLE
4000 CUENTAS COMPLEMENTARIAS ACTIVO
5000 CUENTAS DE RESULTADOS ACREEDORAS
6000 CUENTAS DE RESULTADOS DEUDORAS
7000 CUENTAS DE ORDEN
1) Torres Tovar, 2001

1000 CUENTAS DE ACTIVO

1 100 Activo Circulante
    1101 Caja
    1102 Bancos
    1103 Inversiones temporales
    1104 Clientes
    1105 Documentos por cobrar
    1106 Deudores diversos
    1107 Almacén

1 200 Activo Fijo
    1201 Terrenos
    1202 Edificios
    1203 Mobiliario y equipo
    1204 Equipo de transporte
    1205 Equipo de reparto

1 300 Activo Diferido
    1301 Gastos de organización
    1302 Gastos de Instalación

2000 CUENTAS DE PASIVO

    2 100 Pasivo Circulante
        2101 Proveedores
        2102 Documentos por pagar
        2103 Acreedores diversos

3000 CUENTAS DE CAPITAL CONTABLE

    3 100 Capital Contribuido
        3101 Capital Social
        3102 Donaciones

    3 200 Capital Ganado
        3201 Utilidades acumuladas

4000 DEPRECIACIONES

      4100 Depreciación Acumulada de Mobiliario
      4200 Depreciación Acumulada de Equipo de Transporte.

5000 VENTAS

5100 OTROS INGRESOS

6000 GASTOS DE OPERACIÓN

      6100 GASTOS DE VENTA
      6200 GASTOS DE ADMINISTRACIÓN
      6300 GASTOS FINANCIEROS

7000 MERCANCÍAS EN CONSIGNACIÓN
      CONSIGNACIÓN DE MERCANCÍAS.

UNIDAD III

ESTADOS FINANCIEROS

COMPETENCIA A DESARROLLAR

- Identificará y clasificará los estados financieros básicos.
- Elaborará el Estado de Resultados y el Balance General por el Sistema de Inventarios Pormenorizado, en Excel.
- Identificará su importancia como instrumentos en la toma de decisiones.

Unidad III Estados Financieros

Lineamientos:

a) El alumno investigará cuantas clases de Estados Financieros existen para que se familiarice con su formulación y clasificación, así como con las cuentas que los integran.

Identificará el aprendizaje principal que reconoce para si mismo plasmándolo en mapas o esquemas conceptuales.

b) Discusión en equipos sobre lo investigado y la antología plasmada en los puntos del 3.1, al 3.4, llegando a un resumen grupal.

c) Análisis del Sistema de Inventario Pormenorizado.

d) Elaboración de los ejercicios qué le darán evidencia de aprendizaje de la competencia que usted haya adquirido utilizando Excel, manejando una hoja para los asientos, otra para cuentas T, otra para la Balanza de Comprobación, otra para el Estado de Pérdidas y Ganancias y una más para el Balance General, haciendo el enlace correspondiente.

3.1 Importancia y conceptos

El producto final del proceso contable son los estados financieros y la importancia de dichos estados radica en que a través de ellos los usuarios externos, ya sean acreedores o accionistas visualizan el desempeño financiero de una organización.

3.2 Clasificación de los Estados Financieros

Con base en las necesidades de información de los usuarios, la contabilidad considera que todo negocio debe presentar cuatro informes básicos:

• El estado de situación financiera o balance general, cuyo fin es presentar una relación de recursos (activos) de la empresa así como de las fuentes de financiamiento (pasivo y capital) de dichos recursos.

• El estado de resultados que informa sobre la rentabilidad de la operación.

- El estado de variaciones en el capital contable, cuyo objetivo es mostrar los cambios en la inversión de los dueños de la empresa.
- El estado de cambios en la situación financiera, cuyo objetivo es dar información acerca de la liquidez del negocio, presentando una lista de las fuentes de efectivo y de los desembolsos del mismo, lo que constituye una base para estimar las futuras necesidades de efectivo y sus probables fuentes.

3.3 Balance General

Es el documento que muestra la situación financiera de una empresa a una fecha determinada. (Acerca del cual ya se trató en la Unidad II).

3.4 Sistema de Inventarios Pormenorizado

El Estado de resultados trata de determinar el monto por el cual los ingresos contables superan a los gastos contables. A la diferencia se le llama resultado, el que puede ser positivo o negativo. Si es positivo se le llama utilidad, y si es negativo, se le denomina pérdida.

Los conceptos de ingresos y gastos se encuentran en este estado financiero, el cual resume los resultados de las operaciones de la compañía durante un periodo. La diferencia entre ingresos y los gastos, llamada utilidad, se determina en este estado financiero y se refleja posteriormente en la sección de capital dentro del Balance General. Esta combinación da como resultado un aumento o una disminución en la cuenta de capital. Si los ingresos son mayores que los gastos, la diferencia se llama utilidad neta; la utilidad neta aumenta el capital. Sin embargo, si los gastos son mayores que los ingresos, se habrá incurrido en una pérdida neta y consecuentemente habrá una disminución de capital.

Estudiaremos el Estado de Pérdidas y Ganancias por medio del:

Sistema de Inventarios Pormenorizado.

Objetivo:

Aplicar el Método de inventarios pormenorizado en empresas de abarrotes, ferreterías, farmacias en las cuales por la diversidad de artículos que manejan es muy complejo, es incosteable, mas no imposible recurrir a los registros contables para poder consultar los precios de costo de cada artículo vendido.

El costo de lo vendido se determinará al cierre de cada ejercicio por medio de la comparación de inventarios.

Al fin del periodo se levantará un inventario final, que será el inicial en el siguiente ejercicio. Los inventarios así obtenidos se denominan **Inventarios periódicos**.

Sistema de Inventarios Pormenorizado o analítico.

La característica principal de este sistema es que *no lleva una cuenta que controle las entradas y salidas de mercancías*. De tal manera que si se efectúa una venta se abrirá una cuenta de ventas, si se realiza una compra se abrirá una cuenta de compras.

Este procedimiento consiste en abrir una cuenta especial para cada operación relacionada con la compraventa de mercancías, así tendremos cuentas de:

Inventarios
Compras
Gastos de Compra
Devoluciones sobre compra

Rebajas sobre Compra
Ventas
Devoluciones sobre Ventas
Rebajas sobre Ventas

Por la diversidad de cuentas que se requieren a este sistema también se le llama: ya sea Analítico, Pormenorizado o de Inventarios Periódicos.

Se utilizan las siguientes cuentas:

COMPRAS	GASTOS DE COMPRAS	DEVOLUCIONES SOBRE COMPRAS

REBAJAS SOBRE COMPRAS	VENTAS	DEVOLUCIONES SOBRE VENTAS

REBAJAS SOBRE VENTAS	INVENTARIO INICIAL	INVENTARIO FINAL

El Estado de Pérdidas y Ganancias se divide en dos partes principales:

La primera consiste en analizar todos los elementos que entran en la compra venta de mercancías, hasta determinar la utilidad o pérdida de ventas o sea la diferencia entre el precio de venta y el de costo de las mercancías vendidas.

Para determinar la utilidad o pérdida de ventas, es necesario conocer los siguientes resultados:

Ventas Netas.- Se determinan restando a las ventas totales el importe de las devoluciones y rebajas sobre ventas.

Compras Totales.- A las compras se le suman los gastos de compra.

Compras Netas.- Se determinan restando a las compras totales el importe de las devoluciones y rebajas sobre compras.

Costo de Ventas.- Se obtiene sumando al Inventario Inicial las compras netas y restando el Inventario Final.

Utilidad sobre ventas.- Se determina restando de las ventas netas el costo de ventas.

La segunda parte consiste en analizar detalladamente los Gastos de Operación, así como los gastos y productos que no corresponden a la actividad principal del negocio, y determinar el importe neto que debe restarse a la utilidad sobre ventas para obtener la utilidad del ejercicio.

Gastos de Operación.- Son las erogaciones que sostiene la empresa y que permiten llevar a cabo las diversas actividades. Se consideran como Gastos de Operación los gastos de venta, gastos de administración y los gastos financieros ya que sin ellos no sería posible la realización de los propósitos de la empresa.

Utilidad de operación.- A la utilidad sobre ventas se le restan los gastos de operación.

Utilidad Neta o del Ejercicio.- A la utilidad de operación se le suma o resta Otros gastos y Productos.

Relación con el Balance General.- La utilidad o pérdida neta y el Inventario Final de mercancías.

Inventarios Pormenorizado   Estado de Perdidas y Ganancias

CIA. MEXICANA, S.A.
Estado de Pérdidas y Ganancias
Del 1o. De Enero al 31 de Diciembre del 201__

+	Ventas			$ 3,195.00	
-	Devoluciones/ventas		$103.00		
-	Rebajas/ventas		92.00	195.00	
=	Ventas netas				$ 3,000.00
	Inventario inicial			1,125.00	
+	Compras	$980.00			
+	Gastos de compras	52.00			
=	Compras totales		1,032.00		
-	Devoluciones/compras	76.00			
-	Rebajas s/compras	61.00	137.00		
=	Compras netas			895.00	
=	Mercancia disponible			2,020.00	
-	Inventario final			820.00	
=	Costo de venta				1,200.00
=	Utilidad/venta				1,800.00
-	GASTOS DE OPERACIÓN				
	Gastos de venta				
-	Sueldo velador del almacén		400.00		
-	Mantenimiento Equipo de Reparto		54.00		
-	Propaganda		92.00	546.00	
	Gastos de administracion				
-	Sueldo personal de oficinas			520.00	
	Gastos y Productos Financieros				
-	Interes a cargo		50.00		
+	Interes a favor		70.00	20.00	1,046.00
=	Utilidad de operación				754.00
	Otros Gastos y Productos				
-	Pérdida en venta de activo fijo				200.00
=	UTILIDAD DEL EJERCICIO				$ 554.00

Clasificación Cuentas   Ejercicio 1
Estado P y G

Ejercicio para clasificar el Estado de Pérdidas y Ganancias.			
Con los siguientes datos elabore el Estado de Pérdidas y Ganancias debidamente clasificado .			
Telefono de oficinas	$ 125.00	Sueldo personal oficinas	$ 1,030.00
Ventas Totales	3,700.00	Compras	1,850.00
Inventario Inicial	915.00	Inventario Final	1,465.00
Renta de la Tienda	200.00	Mantenimiento Eq. Reparto	80.00
Energía electrica almacén	35.00	Renta Oficinas	290.00
Papelería	95.00	Devoluciones sobre ventas	180.00
Pérdida en venta de Activo Fijo	10.00	Intereses a cargo	12.00
Comisón agente de ventas	280.00	Utilidad en venta Activo Fijo	260.00

CIA. MEXICANA, S.A.
Estado de Pérdidas y Ganancias
Del 1o. De Enero al 31 de Diciembre del 201__

+	Ventas			$ 3,700.00	
-	Devoluciones/ventas			180.00	
=	**Ventas netas**				**$ 3,520.00**
	Inventario inicial			915.00	
+	Compras			1,850.00	
=	Mercancia disponible			2,765.00	
-	Inventario final			1,465.00	
=	Costo de venta				1,300.00
=	**Utilidad/venta**				**2,220.00**
-	GASTOS DE OPERACION				
	Gastos de venta				
-	Renta de la tienda		200.00		
-	Mantenimiento Equipo de Reparto		80.00		
-	Energía Eléctrica del Almacén		35.00		
-	Comisión agente de ventas		280.00	595.00	
	Gastos de administracion				
-	Papelería		95.00		
-	Teléfono de Oficinas		125.00		
-	Renta de oficinas		290.00		
-	Sueldo del personal de oficinas		1,030.00	1,540.00	
	Gastos y Productos Financieros				
-	Interes a cargo			12.00	2,147.00
=	**Utilidad de operación**				73.00
	Otros Gastos y Productos				
+	Utilidad en venta de activo fijo			260.00	
-	Pérdida en venta de activo fijo			10.00	250.00
=	**UTILIDAD DEL EJERCICIO**				**$ 323.00**

Clasificación Cuentas   Ejercicio 2
Estado P y G

Ejercicio para clasificar el Estado de Pérdidas y Ganancias.

Con los siguientes datos elabore el Estado de Pérdidas y Ganancias debidamente clasificado .

Inventario Final	$ 3,000.00	Papelería	$	50.00
Gastos de compras	500.00	Devoluciones sobre ventas		20.00
Rebajas sobre ventas	30.00	Compras		7,000.00
Rebajas sobre compras	100.00	Pérdida en venta de mobiliario		500.00
Inventario Inicial	5,000.00	Devoluciones sobre compras		50.00
Renta del almacén	100.00	Propaganda		200.00
Ventas	20,000.00	Intereses a cargo		40.00
Intereses a favor	90.00	Teléfono de oficinas		250.00

CIA. MEXICANA, S.A.
Estado de Pérdidas y Ganancias

Del 1o. De Enero al 31 de Diciembre del 201_

+	Ventas			$ 20,000.00	
-	Devoluciones sobre ventas		$ 20.00		
-	Rebajas sobre ventas		30.00	50.00	
=	**Ventas netas**				$ 19,950.00
	Inventario inicial			5,000.00	
	Compras	$ 7,000.00			
+	Gastos de compra	500.00			
	Compras Totales		7,500.00		
-	Devoluciones sobre compras	50.00			
-	Rebajas sobre compras	100.00	150.00		
=	Compras Netas			7,350.00	
=	Mercancia disponible			12,350.00	
-	Inventario final			3,000.00	
=	Costo de venta			9,350.00	
=	**Utilidad/venta**				10,600.00
-	GASTOS DE OPERACIÓN				
	Gastos de venta				
-	Renta del Almacén			100.00	
-	Propaganda			200.00	
	Gastos de administracion			300.00	
-	Papelería			50.00	
-	Teléfono de Oficinas			250.00	300.00
	Gastos y Productos Financieros				
+	Intereses a favor			90.00	
-	Interes a cargo			40.00	50.00	550.00
=	Utilidad de operación				**10,050.00**
	Otros Gastos y Productos				
-	Pérdida en venta de activo fijo				500.00
=	**UTILIDAD DEL EJERCICIO**				$ 9,550.00

Balanza de comprobación.

Comúnmente nos podemos equivocar al registrar una transacción en el cargo o en el abono, ya sea cargando erróneamente en dos cuentas en lugar de cargar y abonar o viceversa.

Este error no se reflejaría hasta que elaboráramos el Balance General y éste no nos balanceara. Entonces tendríamos que retroceder a las cuentas T para ver donde estuvo nuestro error.

Para prevenir esta clase de errores existe la Balanza de Comprobación, que consiste en una lista de los renglones de las cuentas con sus: Saldos Iniciales, Movimientos y Saldos Finales (seis columnas).

En la columna de movimientos se vacía el movimiento que tuvo cada cuenta, sin tomar en consideración el saldo inicial, chocando o sea teniendo las sumas iguales, (debe y haber) se tendrá la plena seguridad de que no tenemos ningún error en el cargo y abono de las cuentas T.

Posteriormente se sacan los Saldos Finales porque según estos saldos son las cifras que aparecen en los Estados Financieros: Estado de Pérdidas y Ganancias y Balance General.

Ejercicio 1 del Sistema de Inventarios pormenorizado.

Registrar operaciones en asientos de diario, cuentas T y elaborar: Balanza de Comprobación, Estado de Pérdidas y Ganancias y Balance General, con los siguientes datos:

Saldos Iniciales:

Caja	$ 58.	Proveedores	40.
Bancos	66.	Mobiliario	28.
Mercancías	154.	Clientes	30.
Documentos por Pagar a corto plazo	30.	Capital	266.

Movimientos:

1. Se compran mercancías por $180., a crédito.
2. Las compras anteriores originaron gastos por $15., que pagamos en efectivo.
3. Se venden mercancías por $240., nos entregan el 5% en efectivo y el resto con un documento a seis meses con el 3% de interés mensual.
4. Los clientes devolvieron mercancías por $6.
5. Se devolvieron mercancías a los proveedores por $10.
6. Se venden mercancías a crédito por $100.
7. A los clientes les concedimos una rebaja de $ 1.
8. Los proveedores nos concedieron una rebaja de $2.
9. Pagamos en efectivo lo siguiente: Comisión a vendedor independiente $5.; Renta de Oficinas $ 35.
10. Se compran mercancías por $150., pagamos con un documento a dos meses con el 3% de interés mensual.
11. Se venden mercancías por $80., nos entregaron el 50% en efectivo y 50% con un documento a dos meses con el 5% de interés.
12. El inventario final de mercancías es de $280.

Primero hágalo manualmente y después llévelo a Excel, en una hoja haciendo los enlaces de los asientos a las cuentas T, a la Balanza de Comprobación y posteriormente a los Estados Financieros.

Inventarios Pormenorizado
Balanza de Comprobación

Sistema InventariosPormenorizado

Balanza de Comprobación Ejercicio 1					
Asiento de apertura					
		SI			
Caja			$ 58.00		+ cargo
Bancos			66.00		+
Mercancías			154.00		+
Clientes			30.00		+
Mobiliario			28.00		
	Proveedores			$ 40.00	- abono
	Documentos por Pagar			30.00	-
	Capital			266.00	-
Asiento de apertura.					
IVA 16%					
		1			
Compras			180.00		+
Iva por Acreditar			28.80		+
	Proveedores			208.80	-
Compra de mercancía a crédito.					
		2			
Gastos de Compras			15.00		+
Iva por Acreditar			2.40		+
	Caja			17.40	-
		3			
Caja			13.92		+
Documentos por cobrar			319.70		+
	Ventas			240.00	-
	IVA por pagar			38.40	-
	Int. A Favor			47.61	-
	IVA por pagar			7.62	-

Inventarios Pormenorizado
Balanza de Comprobación   Ejercicio 1

		4			
Devoluciones sobre ventas			5.17		+
IVA por Pagar			0.83		+
	Clientes			6.00	-
		5			
Proveedores			10.00		+
	Devoluciones sobre compra			8.62	-
	IVA por Acreditar			1.38	-
		6			
Clientes			116.00		+
	Ventas			100.00	-
	IVA por pagar			16.00	-
		7			
Rebajas sobre ventas			0.86		+
IVA por Pagar			0.14		+
	Clientes			1.00	-
		8			
Proveedores			2.00		+
	Rebajas sobre compras			1.72	-

Inventarios Pormenorizado
Balanza de Comprobación

			9		
Gastos de Venta			5.00		+
IVA por Acreditar			0.80		+
Gastos de Administración			35.00		+
IVA por Acreditar			5.60		+
	Caja			46.40	-
			10		
Compras			150.00		+
IVA por Acreditar			24.00		+
Intereses a cargo			10.44		+
IVA por Acreditar			1.67		+
	Documentos por pagar			186.11	-
			11		
Caja			46.40		+
Documentos por Cobrar			49.09		+
	Ventas			80.00	-
	IVA por pagar			12.80	-
	Int. A Favor			2.32	-
	IVA por pagar			0.37	-
			12		
Inventario Final			280.00		+

Sólo es información que será utilizada en los Estados Financieros.

Inventarios Pormenorizado
Balanza de Comprobación

Ejercicio 1

	Caja					Bancos					Mercancías	
SI)	58.00	17.40	(2	SI)	66.00			SI)	154.00		
3)	13.92	46.40	(9								
11)	46.40				66.00	-			154.00	-
	118.32	63.80			66.00				154.00	
	54.52										

	Documentos por pagar				Proveedores					Mobiliario	
		30.00	(SI	5)	10.00	40.00	(SI	SI)	28.00		
		186.11	(10	8)	2.00	208.80	(1				
	-	216.11			12.00	248.80			28.00	-
		216.11				236.80			28.00	

	Clientes				Capital				IVA por acreditar		
SI	30.00	6.00	(4			266.00	SI	1)	28.80	1.38	(5
6)	116.00	1.00	(7					2)	2.40	0.28	(8
	146.00	7.00			-	266.00		9)	0.80	
	139.00					266.00		9)	5.60	
								10)	24.00	
								10)	1.67	
									63.27	1.66
									61.62	

	Compra				Intereses a Cargo				Gastos de compra	
1)	180.00			10	10.44			2)	15.00	
10)	150.00									
	330.00	-			10.44	-			15.00	-
	330.00				10.44				15.00	

IVA por pagar

4)	0.83	38.40	(3
7)	0.14	7.62	(3
		16.00	(6
		12.80	(11
		0.37	(11
	0.97	75.19	
		74.22	

Ventas

	240.00	(3
	100.00	(6
	80.00	(11
-	420.00	
	420.00	

Intereses a Favor

	47.61	(3
	2.32	(11
-	49.93	
	49.93	

Documentos por cobrar

3)	319.70	
11)	49.09	
	368.79	-
	368.79	

Devoluciones Sobre ventas

4)	5.17	
	5.17	-
	5.17	

Devoluciones Sobre compras

	8.62	(5
-	8.62	
	8.62	

Gastos de Administración

9)	35.00	
	35.00	-
	35.00	

Rebajas sobre compras

	1.72	(8
-	1.72	
	1.72	

Rebaja sobre venta

7)	0.86	
	0.86	-
	0.86	

Gastos de Venta

9)	5.00	
	5.00	-
	5.00	

Inventarios Pormenorizado
Balanza de Comprobación

Ejercicio 1

	CIA. MEXICANA, S.A DE C.V.					
	BALANZA DE COMPROBACION					
	DEL 1 DE ENERO AL 31 DE DICIEMBRE DEL 201___					
	Saldos Iniciales		Movimientos		Saldos Finales	
Cuentas	Debe	Haber	Debe	Haber	Debe	Haber
Caja	$ 58.00		60.32	63.80	54.52	
Bancos	66.00				66.00	
Mercancías	154.00				154.00	
Documentos por pagar		30.00		186.11		216.11
Proveedores		40.00	12.00	208.80		236.80
Mobiliario	28.00				28.00	
Clientes	30.00		116.00	7.00	139.00	
Capital		266.00				266.00
IVA por acreditar			63.27	1.66	61.62	
Compras			330.00		330.00	
Intereses a cargo			10.44		10.44	
Gastos de compra			15.00		15.00	
Ventas				420.00		420.00
IVA por pagar			0.97	75.19		74.22
Intereses a favor				49.93		49.93
Documentos por cobrar			368.79		368.79	
Devolución sobre ventas			5.17		5.17	
Devolución sobre compras				8.62		8.62
Rebajas sobre ventas			0.86		0.86	
Rebajas sobre compras				1.72		1.72
Gastos de ventas			5.00		5.00	
Gastos de operación			35.00		35.00	
SUMAS IGUALES	$ 336.00	336.00	1,022.83	1,022.83	1,273.40	1,273.40

Inventarios Pormenorizado
Balanza de Comprobación   Ejercicio 1

CIA. MEXICANA, S.A. DE C.V.			
Estado de Pérdidas y Ganancias			
Del 1º de Enero al 31 de Diciembre del 201__			
Ventas			$ 420.00	
Devoluciones Sobre Ventas		5.17	
Rebajas sobre ventas		0.86	6.03
Ventas Netas				413.97
Inventario Inicial			154.00
Compras	330.00		
Gastos de Compras	15.00		
Compras Totales		345.00	
Devoluciones Sobre Compras	8.62		
Rebajas sobre compras	1.72	10.34	
Compras Netas			334.66
Mercancias disponibles			488.66
Inventario Final			280.00
Costo de ventas				208.66
Utilidad sobre ventas				205.31
Gastos de Operación			
Gastos de ventas			5.00
Gastos de Admon			35.00
Gastos Financieros			
Intereses a cargo		10.44	
Intereses a favor		49.93	39.49	0.51
Utilidad de Operación/Ejercicio				$ 204.80

Inventarios Pormenorizado   Ejercicio 1
Balanza de Comprobación

CIA. MEXICANA, S.A. DE C.V.
BALANCE GENERAL
AL 31 DE DICIEMBRE DEL 201__

ACTIVO Activo Circulante			PASIVO Pasivo Circulante		
Caja	$54.52		Proveedores	236.80	
Bancos	66.00		Documentos por pagar	216.11	
Mercancias	280.00		IVA por pagar	74.22	
Clientes	139.00				527.13
IVA por acreditar	61.62		CAPITAL		
Documentos por cobrar	368.79				
		969.93	Capital	266.00	
Activo Fijo			Utilidad	204.80	470.80
Mobiliario		28.00			
Suma del Activo		$997.93	Suma Pasivo y Capital		$997.93

Ejercicio del Sistema de Inventarios Pormenorizado

Registrar operaciones, en cuentas T y elaborar: Balanza de Comprobación, Estado de Pérdidas y Ganancias y Balance General, con los siguientes datos:

Saldos Iniciales:

Caja	$ 35.	Proveedores	330.
Bancos	195.	Mobiliario	300.
Mercancías	870.	Capital	2,000.
Terreno	1,230.		

Movimientos:

1. Se compran mercancías por $1,200., entregamos el 10% con cheque y el resto con un documento a dos meses con el 4% de interés mensual.
2. Se vendieron mercancías por $597., nos entregan el 70% en efectivo y el resto con un documento a tres meses con el 7% de interés.
3. Se renta parte del terreno cobrando seis meses por adelantado a razón de $25., mensuales, nos pagan con un cheque que depositamos en el banco.
4. Se vendieron mercancías por $725., nos entregaron el 10% en efectivo y el resto con un documento a tres meses con el 5% de interés mensual.
5. Sobre la primera venta nos devuelven mercancía por $97., modificando el documento.
6. Sobre la segunda venta concedimos una rebaja del 5% regresando el efectivo.
7. Se devolvieron mercancías a los proveedores por $200., correspondiente a la primera compra, modificando el documento.
8. Se retira un socio y por su aportación le firmamos un documento a tres meses por $500.
9. Se acepta a un nuevo socio que aportó mercancías por $590.
10. Se pagan fletes sobre las compras $29., en efectivo.
11. Se paga en efectivo lo siguiente: Propaganda $20., Sueldos empleados oficina $150., y mantenimiento equipo de reparto $15.
12. Se vende el primer mobiliario que teníamos en $240., nos entregaron el $50% con cheque que depositamos en el banco y el 50% con un documento a un mes.
13. El Inventario Final es de $ 1,099.

Inventarios Pormenorizado
Balanza de Comprobación

Ejercicio 2

IVA: 16%		
Cuenta	Cargo/Abono	
SI		
Caja	$ 35.00	+
Bancos	195.00	+
Mercancías	870.00	+
Mobiliario	300.00	+
Terreno	1,230.00	+
Proveedores	330.00	-
Capital	2,300.00	-

Asiento de apertura, se ajusto la cuenta de Capital.

1	Compras		1,200.00	+
	IVA Por Acreditar		192.00	+
	TOTAL:		1,392.00	
	Banco	10%	139.20	-
	TOTAL:		1,252.80	
	Intereses a Cargo	8%	100.22	+
	IVA Por Acreditar		16.04	+
	Documentos Por Pagar		1,369.06	-

2	Venta		597.00	-
	IVA Por Pagar		95.52	-
	TOTAL:		692.52	
	Caja	70%	484.76	+
	TOTAL:		207.76	
	Intereses A Favor	7%	14.54	-
	IVA Por Pagar		2.33	-
	Documentos por Cobrar		224.63	+

3	Banco		174.00	+
	Rentas Cobradas por Adelantado		150.00	-
	Iva Por Pagar		24.00	-

4	Venta		725.00	-
	IVA Por Pagar		116.00	-
	TOTAL:		841.00	
	Caja	10%	84.10	-
	TOTAL:		756.90	
	Intereses a Favor	15%	113.54	-
	IVA Por Pagar		18.17	-
	Documentos Por Cobrar		888.60	+

5	Devoluciones sobre Venta		$ 83.62	+
	IVA Por Pagar		13.38	+
	TOTAL:		97.00	
	Intereses a Favor	7%	6.79	+
	IVA Por Pagar		1.09	+
	Documentos Por Cobrar		104.88	-

6	Rebaja/Venta	5%	36.25	+
	IVA Por Pagar		5.80	+
	Caja		42.05	-

7	Dev/Compra		172.41	-
	IVA Por Acreditar		27.59	-
	TOTAL:		200.00	-
	Intereses a Cargo	8%	16.00	-
	IVA Por Acreditar		2.56	-
	Documentos Por Pagar		218.56	+

8	Capital		500.00	+
	Doc. Por Pagar		500.00	-

9	Compras		590.00	+
	Capital		590.00	-

10	Gasto de Compra		29.00	+
	IVA Por Acreditar		4.64	+
	Caja		33.64	-

11	Gastos de Venta		35.00	+
	Gastos de Administración		150.00	+
	TOTAL:		185.00	
	IVA Por Acreditar		5.60	+
	Caja		190.60	-

12	Mobiliario		300.00	-
	Perdida en venta de Activo Fijo		60.00	+
	TOTAL:		240.00	
	IVA Por Pagar		38.40	-
	TOTAL:		278.40	
	Bancos	50%	139.20	+
	Documentos Por Cobrar		139.20	+

Inventarios Pormenorizado
Balanza de Comprobación

CAJA

	Debe	Haber	
SI)	35.00	42.05	(6
2)	484.76	33.64	(10
4)	84.10	190.60	(11
	603.86	266.29	
	337.57		

BANCOS

	Debe	Haber	
SI)	195.00	139.20	(1
3)	174.00		
12)	139.20		
	508.20	139.20	
	369.00		

MERCANCÍAS

	Debe	Haber
SI)	870.00	
	870.00	

POVEEDORES

	Debe	Haber	
		330.00	(SI
		330.00	

TERRENO

	Debe	Haber
SI)	1,230.00	
	1,230.00	

IVA POR ACREDITAR

	Debe	Haber	
1)	192.00	27.59	(7
1)	16.04	2.56	(7
10)	4.64		
11)	5.60		
	218.28	30.15	
	188.13		

CAPITAL SOCIAL

	Debe	Haber	
8)	500.00	2,300.00	(SI
		590.00	(9
	500.00	2,890.00	
		2,390.00	

MOBILIARIO

	Debe	Haber	
SI)	300.00	300.00	(12
		-	

INTERES A CARGO

	Debe	Haber	
1)	100.22	16.00	(7
	84.22		

VENTAS

	Debe	Haber	
		597.00	(2
		725.00	(4
		1,322.00	

DEVOLUCION/VENTA

	Debe	Haber
5)	83.62	
	83.62	

DEVOLUCION/COMPRA

	Debe	Haber	
		172.41	(7
		172.41	

REBAJA/VENTA

	Debe	Haber
7)	36.25	
	36.25	

INTERES A FAVOR

	Debe	Haber	
5)	6.79	14.54	(2
		113.54	(4
	6.79	128.08	
		121.29	

IVA POR PAGAR

	Debe	Haber	
5)	13.38	95.52	(2
5)	1.09	2.33	(2
6)	5.80	24.00	(3
		116.00	(4
		18.17	(4
		38.40	(12
	20.27	294.41	
		274.15	

DOCUMENTOS POR COBRAR

	Debe	Haber	
2)	224.63	104.88	(5
4)	888.60		
12)	139.20		
	1,252.43	104.88	
	1,147.55		

GASTOS DE COMPRA

	Debe	Haber
10)	29.00	
	29.00	

GASTOS DE VENTA

	Debe	Haber
11)	35.00	
	35.00	

DOCUMENTOS POR PAGAR

	Debe	Haber	
7)	218.56	1,369.06	(1
		500.00	(8
	218.56	1,869.06	
		1,650.50	

GASTOS DE ADMINISTRACION

	Debe	Haber
11)	150.00	
	150.00	

RENTA COB. POR ADELANTADO

	Debe	Haber	
		150.00	(3
		150.00	

COMPRAS

	Debe	Haber
7)	1,200.00	
8)	590.00	
	1,790.00	

PERDIDA VENTA A.F.

	Debe	Haber
12)	60.00	
	60.00	

Inventarios Pormenorizado
Balanza de Comprobación

CIA. MEXICANA, S.A. DE C.V.
BALANZA DE COMPROBACION
DEL 1 DE ENERO AL 31 DE DICIEMBRE DEL _____

CUENTAS	SALDOS INICIALES		MOVIMIENTOS		SALDOS FINALES	
	DEBE	HABER	DEBE	HABER	DEBE	HABER
CAJA	$ 35.00		568.86	266.29	337.57	
BANCOS	195.00		313.20	139.20	369.00	
MERCANCÍAS	870.00				870.00	
PROVEEDORES		330.00				330.00
TERRENO	1,230.00				1,230.00	
IVA POR ACREDITAR			218.28	30.15	188.13	
CAPITAL SOCIAL		2,300.00	500.00	590.00		2,390.00
MOBILIARIO	300.00			300.00	-	-
INTERES A CARGO			100.22	16.00	84.22	
VENTAS				1,322.00		1,322.00
DEVOLUCION/VENTA			83.62		83.62	
DEVOLUCION/COMPRA				172.41		172.41
REBAJA/VENTA			36.25		36.25	
INTERES A FAVOR			6.79	128.08		121.29
IVA POR PAGAR			20.27	294.41		274.15
DOCUMENTOS POR COBRAR			1,252.43	104.88	1,147.55	
GASTOS DE COMPRA			29.00		29.00	
GASTOS DE VENTA			35.00		35.00	
DOCUMENTOS POR PAGAR			218.56	1,869.06		1,650.50
GASTOS ADMINISTRACIÓN			150.00		150.00	
PERDIDA VENTA A.F.			60.00		60.00	
COMPRAS			1,790.00		1,790.00	
RENTA COBRADA ADELANTADO				150.00		150.00
SUMAS IGUALES	$ 265,630.00	$ 265,630.00	$ 543,630.14	$ 543,630.14	$ 647,445.18	$ 647,445.18

Inventarios Pormenorizado
Balanza de Comprobación

CIA. MEXICANA, S.A. DE C.V.
ESTADO DE PERDIDAS Y GANANCIAS
DEL 1 DE ENERO AL 31 DE DICIEMBRE DEL 201___

VENTAS			$ 1,322.00	
DEVOLUCIONES/VENTAS		83.62		
REBAJAS/VENTAS		36.25	119.87	
VENTAS NETAS				1,202.13
INVENTARIO INICIAL			870.00	
COMPRAS	1,790.00			
GASTOS DE COMPRAS	29.00			
COMPRAS TOTALES		1,819.00		
DEVOLUCIONES/COMPRAS	172.41	172.41		
COMPRAS NETAS			1,646.59	
MERCANCIA DISPONIBLE			2,516.59	
INVENTARIO FINAL			1,099.00	
COSTO DE VENTA				1,417.59
PÉRDIDA /VENTAS				- 215.46
GASTOS DE VENTA				
*MANTENIMIENTO		15.00		
*PROPAGANDA		20.00	35.00	
GASTOS DE ADMINISTRACION				
*SUELDO		150.00	150.00	
GASTOS Y PRODUCTOS FINANCIEROS				
INTERES A CARGO		84.22		
INTERES A FAVOR		121.29	- 37.06	147.94
PÉRDIDA DE OPERACIÓN				- 363.39
PERDIDA EN VENTA DE ACTIVO FIJO			60.00	60.00
PÉRDIDA DEL EJERCICIO				- 423.39

Inventarios Pormenorizado
Balanza de Comprobación

Ejercicio 2

CIA. MEXICANA, S.A. DE C.V.
BALANCE GENERAL
AL 31 DE DICIEMBRE DEL 201_

ACTIVO CIRCULANTE			PASIVO CIRULANTE		
CAJA					
BANCOS	$ 337.57		PROVEEDORES	$ 330.00	
MERCANCÍA	369.00		DOCUMENTOS POR PAGAR	1,650.50	2,254.65
IVA POR ACREDITAR	1,099.00		IVA POR PAGAR	274.15	
DOCUMENTOS POR COBRAR	188.13				
	1,147.55	3,141.25	PASIVO DIFERIDO		150.00
			RENTA COBRADA POR ADELANTADO		2,404.65
ACTIVO FIJO			SUMA EL PASIVO		
TERRENO					
		1,230.00			
			CAPITAL CONTABLE		
			CAPITAL SOCIAL	2,390.00	1,966.61
			PÉRDIDA DEL EJERCICIO	- 423.39	
SUMA EL ACTIVO		$4,371.25	SUMA PASIVO Y CAPITAL		$ 4,371.25

Ejercicio 3 del Sistema de Inventarios Pormenorizado

Registrar asientos de diario, cuentas T y elaborar: Balanza de comprobación; Estado de Pérdidas y Ganancias y Balance General con los siguientes datos:

Saldos Iniciales:

Caja	$ 520.	Bancos	600.
Mercancías	2,000.	Mobiliario	800.
Terreno	10,000.	Proveedores	500.
Capital	13,500.		

1. Se compran mercancías por $2,000.; pagamos el 10% con cheque y el resto con un documento a cinco meses con el 5% de interés mensual.
2. Se venden mercancías por $1,000., nos entregan 50% en efectivo y el resto con un documento a cinco meses con el 9% de interés mensual.
3. Se renta parte del terreno cobrando 12 meses por adelantado a razón de $500., mensuales, nos pagan con cheque que depositamos en el banco.
4. Se venden mercancías por $1,225., nos entregan el 15% en efectivo y el resto con un documento a cuatro meses con el 5% de interés mensual.
5. Sobre la primera venta nos devuelven mercancía por $150., modificando el documento.
6. Sobre la segunda venta nos devuelven mercancía por $230., modificando el documento.
7. Se devuelven mercancías a los proveedores por defectuosas por $172.50., modificando el documento de la primera compra.
8. Se paga fletes sobre las compras $55., en efectivo.
9. Se venden mercancías por $400., en efectivo.
10. Sobre la primera venta concedimos una rebaja del 10%, regresando el efectivo correspondiente.
11. Se paga con cheque lo siguiente: Mantenimiento equipo de reparto $30., papelería $20., y comisión a vendedor (independiente) $100.
12. Se vende el mobiliario en $600., nos entregan un cheque por $200., que depositamos en el banco, el resto con un documento aun mes con el 9.5% de interés.
13. Se acepta un nuevo socio que aportó lo siguiente: Efectivo $200., mercancías $500., y Mobiliario $600.
14. El Inventario final es de $3,000.

Inventarios Pormenorizado   Ejercicio 3
Balanza de Comprobación

Cuenta		Cargo/Abono				Cuenta		Cargo/Abono	
IVA: 16%				5	Devoluciones sobre Venta		$ 129.31	+
Cuenta		Cargo/Abono				IVA Por Pagar		20.69	+
	SI					TOTAL:		150.00	
Caja		$ 520.00	+		Intereses a Favor	45%	67.50	+
Bancos		600.00	+		IVA Por Pagar		10.80	+
Mercancías		2,000.00	+		Documentos Por Cobrar		228.30	-
Mobiliario		800.00	+					
Terreno		10,000.00	+					
Proveedores		500.00	-					
Capital		13,420.00	-	6	Devoluciones sobre Venta		$ 198.28	+
Asiento de apertura, se ajusto la cuenta de					IVA Por Pagar		31.72	+
Capital.					TOTAL:		230.00	
					Intereses a Favor	20%	46.00	+
1 Compras		2,000.00	+		IVA Por Pagar		7.36	+
IVA Por Acreditar		320.00	+		Documentos Por Cobrar		283.36	-
TOTAL:		2,320.00						
Banco	10%	232.00	-					
TOTAL:		2,088.00						
Intereses a Cargo	25%	522.00	+	7	Dev/Compra		148.71	-
IVA Por Acreditar		83.52	+		IVA Por Acreditar		23.79	-
Documentos Por Pagar		2,693.52	-		TOTAL:		172.50	-
					Intereses a Cargo	25%	43.13	-
2 Venta		1,000.00	-		IVA Por Acreditar		6.90	-
IVA Por Pagar		160.00	-		Documentos Por Pagar		222.53	+
TOTAL:		1,160.00						
Caja	50%	580.00	+					
TOTAL:		580.00						
Intereses A Favor	45%	261.00	-	8	Gastos de Compra		55.00	+
IVA Por Pagar		41.76	-		IVA por Acreditar		$ 8.80	+
Documentos por Cobrar		882.76	+		Caja		63.80	-

Inventarios Pormenorizado   Ejercicio 3
Balanza de Comprobación

3	Banco		6,960.00	+			
	Rentas Cobradas por Adelantado		6,000.00	-			
	Iva Por Pagar		960.00	-	9	Caja	464.00	+
						Ventas	400.00	-
4	Venta		1,225.00	-		IVA por Pagar	$ 64.00	-
	IVA Por Pagar		196.00	-			
	TOTAL:		1,421.00				
	Caja	15%	213.15	+			
	TOTAL:		1,207.85		10	Rebaja sobre venta	100.00	+
	Intereses a Favor	20%	241.57	-		IVA Por Pagar	16.00	+
	IVA Por Pagar		38.65	-		Caja	116.00	-
	Documentos Por Cobrar		1,488.07	+			
11	Gastos de Venta		130.00	+			
	Gastos de Administración		20.00	+			
	TOTAL:		150.00				
	IVA Por Acreditar		20.80	+			
	Bancos		170.80	-			
12	Mobiliario		800.00	-			
	Pérdida Venta A.F.		200.00	+			
	TOTAL:		600.00				
	IVA Por Pagar		96.00	-			
	Bancos		200.00	+			
	Intereses a Favor	10%	47.12	-			
	IVA Por Pagar		7.54	-			
	Documentos Por Cobrar		550.66	+			
13							
	Caja		200.00	+			
	Compras		500.00	+			
	Mobiliario		600.00	+			
	Capital Social		1,300.00	-			

Inventarios Pormenorizado
Balanza de Comprobación

CAJA

	Debe	Haber	
SI)	520.00	63.80	(8
2)	580.00	116.00	(10
4)	213.15		
9)	$ 464.00		
13)	$ 200.00		
	1,977.15	179.80	
	1,797.35		

TERRENO

	Debe	Haber
SI)	10,000.00	
	10,000.00	

MOBILIARIO

	Debe	Haber	
SI)	800.00	800.00	(12
13)	600.00		
	600.00		

INTERES A CARGO

	Debe	Haber	
1)	522.00	43.13	(7
	478.88		

DEVOLUCION/COMPRA

	Debe	Haber	
		148.71	(7
		148.71	

IVA POR PAGAR

	Debe	Haber	
5)	20.69	160.00	(2
5)	10.80	41.76	(2
6)	31.72	960.00	(3
6)	7.36	196.00	(4
10)	16.00	38.65	(4
		64.00	(9
		103.54	(12
	86.57	1,563.95	
		1,477.38	

GASTOS DE ADMINISTRACION

	Debe	Haber
11)	20.00	
	20.00	

PERDIDA VENTA A.F.

	Debe	Haber
12)	200.00	
	200.00	

BANCOS

	Debe	Haber	
SI)	600.00	232.00	(1
3)	6,960.00	170.80	(11
12)	200.00		
	7,760.00	402.80	
	7,357.20		

IVA POR ACREDITAR

	Debe	Haber	
1)	320.00	23.79	(7
1)	83.52	6.90	(7
8)	8.80		
11)	20.80		
	433.12	30.69	
	402.43		

VENTAS

	Debe	Haber	
		1,000.00	(2
		1,225.00	(4
		$ 400.00	(9
		2,625.00	

REBAJA/VENTA

	Debe	Haber
10)	100.00	
	100.00	

DOCUMENTOS POR COBRAR

	Debe	Haber	
2)	882.76	228.30	(5
4)	1,488.07	283.36	(6
12)	550.66		
	2,921.49	511.66	
	2,409.83		

DOCUMENTOS POR PAGAR

	Debe	Haber	
7)	222.53	2,693.52	(1
	222.53	2,693.52	
		2,471.00	

COMPRAS

	Debe	Haber
7)	2,000.00	
13)	500.00	
	2,500.00	

MERCANCÍAS

	Debe	Haber
SI)	2,000.00	
	2,000.00	

POVEEDORES

	Debe	Haber	
		500.00	(SI
		500.00	

CAPITAL SOCIAL

	Debe	Haber	
		13,420.00	(SI
		1,300.00	(13
	-	14,720.00	
		14,720.00	

DEVOLUCION/VENTA

	Debe	Haber
5)	129.31	
6)	198.28	
	327.59	

INTERES A FAVOR

	Debe	Haber	
5)	67.50	261.00	(2
6)	46.00	241.57	(4
		47.12	(12
	113.50	549.69	
		436.19	

GASTOS DE COMPRA

	Debe	Haber
8)	55.00	
	55.00	

GASTOS DE VENTA

	Debe	Haber
11)	130.00	
	130.00	

RENTA COB. POR ADELANTADO

	Debe	Haber	
		6,000.00	(3
		6,000.00	

Inventarios Pormenorizado   Ejercicio 3
Balanza de Comprobación

	CIA. MEXICANA, S.A. DE C.V. BALANZA DE COMPROBACIÓN DEL 1 DE ENERO AL 31 DE DICIEMBRE DEL _____					
CUENTAS	**SALDOS INICIALES**		**MOVIMIENTOS**		**SALDOS FINALES**	
	DEBE	HABER	DEBE	HABER	DEBE	HABER
CAJA	$ 520.00		1,457.15	179.80	1,797.35	
BANCOS	600.00		7,160.00	402.80	7,357.20	
MERCANCÍAS	2,000.00				2,000.00	
PROVEEDORES		500.00				500.00
TERRENO	10,000.00				10,000.00	
IVA POR ACREDITAR			433.12	30.69	402.43	
CAPITAL SOCIAL		13,420.00	-	1,300.00		14,720.00
MOBILIARIO	800.00		600.00	800.00	600.00	-
INTERES A CARGO			522.00	43.13	478.88	
VENTAS				2,625.00		2,625.00
DEVOLUCION/VENTA			327.59		327.59	
DEVOLUCION/COMPRA				148.71		148.71
REBAJA/VENTA			100.00		100.00	
INTERES A FAVOR			113.50	549.69		436.19
IVA POR PAGAR			86.57	1,563.95		1,477.38
DOCUMENTOS POR COBRAR			2,921.49	511.66	2,409.83	
GASTOS DE COMPRA			55.00		55.00	
GASTOS DE VENTA			130.00		130.00	
DOCUMENTOS POR PAGAR			222.53	2,693.52		2,471.00
GASTOS ADMINISTRACIÓN			20.00		20.00	
PERDIDA VENTA A.F.			200.00		200.00	
COMPRAS			2,500.00		2,500.00	
RENTA COBRADA ADELANTADO				6,000.00		6,000.00
SUMAS IGUALES	$ 2,797,920.00	$ 2,797,920.00	$ 3,386,638.03	$ 3,386,638.19	$ 5,704,031.97	$ 5,704,032.13

CIA. MEXICANA, S.A. DE C.V.
ESTADO DE PERDIDAS Y GANANCIAS
DEL 1 DE ENERO AL 31 DE DICIEMBRE DEL 201___

VENTAS			$ 2,625.00	
DEVOLUCIONES/VENTAS		327.59		
REBAJAS/VENTAS		100.00	427.59	
VENTAS NETAS				2,197.41
INVENTARIO INICIAL			2,000.00	
COMPRAS	2,500.00			
GASTOS DE COMPRAS	55.00			
COMPRAS TOTALES		2,555.00		
DEVOLUCIONES/COMPRAS	148.71	148.71		
COMPRAS NETAS			2,406.29	
MERCANCIA DISPONIBLE			4,406.29	
INVENTARIO FINAL			3,000.00	
COSTO DE VENTA				1,406.29
UTILIDAD SOBRE VENTAS				791.12
GASTOS DE VENTA			130.00	
GASTOS DE ADMINISTRACION			20.00	
GASTOS Y PRODUCTOS FINANCIEROS				
INTERES A CARGO		478.88		
INTERES A FAVOR		436.19	42.69	192.69
UTILIDAD DE OPERACIÓN				598.44
PERDIDA EN VENTA DE ACTIVO FIJO			200.00	200.00
UTILIDAD DEL EJERCICIO				$ 398.44

Inventarios Pormenorizado
Balanza de Comprobación

CIA. MEXICANA, S.A. DE C.V.
BALANCE GENERAL
AL 31 DE DICIEMBRE DEL 201___

ACTIVO CIRCULANTE			PASIVO CIRULANTE		
CAJA	$ 1,797.35		PROVEEDORES	$ 500.00	
BANCOS	7,357.20		DOCUMENTOS POR PAGAR	2,471.00	
MERCANCÍA	3,000.00		IVA POR PAGAR	1,477.38	4,448.37
IVA POR ACREDITAR	402.43				
DOCUMENTOS POR COBRAR	2,409.83	14,966.81			
			PASIVO DIFERIDO		
			RENTA COBRADA POR ADELANTADO		6,000.00
ACTIVO FIJO			SUMA EL PASIVO		10,448.37
MOBILIARIO	600.00				
TERRENO	10,000.00	10,600.00			
			CAPITAL CONTABLE		
			CAPITAL SOCIAL	14,720.00	
			PÉRDIDA DEL EJERCICIO	398.44	15,118.44
SUMA EL ACTIVO		$ 25,566.81	SUMA PASIVO Y CAPITAL		$ 25,566.81

UNIDAD IV

CONCILIACIÓN BANCARIA, REGISTRO CONTABLE DE IMPUESTOS Y DEPRECIACIÓN.

COMPETENCIA A DESARROLLAR

- Conocerá y aplicará el procedimiento para realizar:
    Conciliaciones bancarias.
    Métodos para depreciación
    Registro contable de los impuestos

Unidad IV Conciliación bancaria, registro contable de los impuestos y Depreciación.

Lineamientos:

a) El alumno investigará sobre la contabilidad de una empresa donde se manejen cuentas colectivas como: Clientes, Proveedores, Bancos, etc. que periódicamente se comparan con las recíprocas que llevan en su contabilidad los clientes, proveedores y bancos. Identificará el aprendizaje principal que reconoce para si mismo plasmándolo en mapas o esquemas conceptuales.

b) Discusión en equipos sobre lo investigado y la antología del punto 4.1, llegando a un resumen grupal de la forma de efectuar una conciliación.

c) Elaboración de los ejercicios qué le darán evidencia de aprendizaje de la competencia que usted haya adquirido.

a) Investigar, discutir y elaborar ejercicios sobre los puntos 4.2, 4.3 y 4.4.
En Excel.

4.1 Conciliación Bancaria

Dos corresponsales o cuenta habientes que se llevan mutuamente cuenta, deben coincidir en el saldo a determinada fecha. Sin embargo, con frecuencia los saldos no son iguales y esto se debe a que los asientos de una contabilidad no han sido correspondidos en la otra, debido a:

1.- Falta de aviso del que corre los asientos.
2.- Aun expendiéndose los avisos, estos no llegan a tiempo, o los valores que amparan se reciben y se hacen efectivos con fecha posterior al corte de la cuenta.
3.- Inconformidad para corresponder el asiento.
4.- Diferencia en cálculo por aplicación de distintos criterios.

Finalidad de la conciliación.

La conciliación consiste en precisar las diferencias entre ambas cuentas y corregirlas, para lo cual se procede como sigue, pero distinguiéndose dos casos:

1.- Cuando se trata de la primera conciliación.
2.- Cuando es segunda o posterior conciliación.

Primera conciliación.

a) Requiere que nuestro corresponsal nos envíe un estado de cuenta detallado.
b) Se confrontan las partidas de dicho documento con las de la cuenta que llevamos, comenzando por nuestros cargos contra sus créditos y terminando por nuestros abonos contra sus cargos.
c) Las partidas que sean iguales se marcan con el signo ✓
d) Las partidas que no concuerden se encerrarán en un circulo rojo ⬭ y se enumeran en el siguiente orden:
  * Nuestros cargos no correspondidos.
  * Sus cargos no correspondidos.
  * Nuestros abonos no correspondidos
  * Sus abonos no correspondidos.
e) Identificadas las diferencias, se formula un documento: "Conciliación de la Cuenta X...... a la Cuenta Y. Se comienza anotando el saldo de nuestros libros, se suman y restan las diferencias para llegar el saldo del corresponsal.
  Puede procederse a la inversa, partiendo del saldo del corresponsal, para llegar al de nuestros libros.

A esta conciliación se le denomina "Aritmética", pues de lo único que se trata es de conectar los dos saldos, sin precisar quien debe de hacer correcciones, para que ambos saldos resulten iguales.

Fórmula de la conciliación aritmética:

Una cuenta arrojará saldo deudor y la otra, saldo acreedor.

Nuestros Libros		Sus Libros	
debe	haber	debe	haber
d	h	d'	h'
d	h	d'	h'
d			
D			A
Saldo deudor			Saldo acreedor

D= Saldo deudor de una cuenta.

d= Nuestros cargos no correspondidos

h= Nuestros abonos no correspondidos

A= Saldo acreedor de la otra cuenta

d'= Sus cargos no correspondidos

h'= Sus abonos no correspondidos

$D= d-h$ $A= h'-d'$

Restando la 2ª igualdad de la primera.

$D - A = d - h - h' - d'$

$D - A = d - h - h' + d'$; Despejando $D= A + d - h - h' + d'$

Ordenando: $D= A + d + d' - h - h'$

Para llegar al saldo Deudor de una cuenta, partiendo del Saldo Acreedor de la otra, a este se le suma los cargos no correspondidos y se le restan los abonos no correspondidos de ambas cuentas.

Para llegar al Saldo Acreedor de una cuenta, partiendo del Saldo Deudor de la otra, a este se le restan los cargos no correspondidos y se le suman los abonos no correspondidos de ambas cuentas.

$A= D - d - d' + h + h'$[14]

PRIMERA CONCILIACION

BANCOS

D	$1,000.00	ch1	200.00
D	800.00	ch2	500.00
D	3,000.00	ch3	800.00
D	500.00	ch4	900.00
D	2,000.00	ch5	320.00
		Comisión	46.00
		ch6	530.00
		ch7	1,017.00
			4,313.00
Sumas	**7,300.00**		
Saldo	**$2,987.00**		

ESTADO DE CUENTA DEL BANCO

Abreviaturas   C=comisión   EC=error corregido

CONCEPTO	CARGO	ABONO	SALDO
D		$ 1,000.00	$ 1,000.00
Ch4	$ 900.00		100.00
D		800.00	900.00
Ch1	200.00		700.00
C	46.00		654.00
D		500.00	1,154.00
D		2,000.00	3,154.00
Ch6	503.00		2,651.00
Ch6		503.00	3,154.00
Ch6	530.00		2,624.00
C	28.00		2,596.00
Ch7	1,071.00		1,525.00
		1,100.00	$ 2,625.00

Se procede a palomear nuestros cargos contra sus abonos, ✓ nuestros abonos contra sus cargos marcando con un círculo rojo ⬭ lo que no concuerde.

CONCILIACION BANCARIA

BANCOS

D	$1,000.00 ✓	ch1		200.00 ✓
D	800.00 ✓	ch2		(500.00)
D	(3,000.00)	ch3		(800.00)
D	500.00 ✓	ch4		900.00 ✓
D	2,000.00 ✓	ch5		(320.00)
		Comisión		46.00 ✓
		ch6		530.00 ✓
		ch7		(1,017.00)
Sumas	7,300.00			4,313.00
Saldo	$2,987.00			

ESTADO DE CUENTA DEL BANCO

Abreviaturas   C=comisión   EC=error corregido

CONCEPTO	CARGO	ABONO	SALDO
D		$ 1,000.00 ✓	$ 1,000.00
Ch4	$ 900.00 ✓		100.00
D		800.00 ✓	900.00
Ch1	200.00 ✓		700.00
C	46.00 ✓		654.00
D		500.00 ✓	1,154.00
D		2,000.00 ✓	3,154.00
Ch6	503.00 ✓		2,651.00
Ch6		503.00 ✓	3,154.00
Ch6	530.00 ✓		2,624.00
C	(28.00)		2,596.00
Ch7	(1,071.00)		1,525.00
		(1,100.00)	$ 2,625.00

Con lo que quedó marcado con rojo se elabora la Conciliación Aritmética.

CONCILIACION ARITMETICA

Formula $D = A + d + d' - h - h'$

A Saldo del estado de cuenta del banco. ←				**$2,625**
Mas: Nuestros cargos no correspondidos:				
Documento al cobro				$ 3,000
Mas: Sus cargos no correspondidos:				
Comisión	$ 28			
Cheque # 7	1,071	1,099		4,099
Menos: Nuestros abonos no correspondidos:				
Cheque # 2	500			
Cheque # 3	800			
Cheque # 5	320			
Cheque # 7	1,017	2,637		
Menos: Sus abonos no correspondidos:				
Intereses		1,100	3,737	
D Saldo nuestros libros				**$2,987**

Se investiga quien debe hacer las correcciones o ajustes y se elabora la conciliación contable.

CONCILIACION CONTABLE

Concepto	Nuestros Libros		Sus Libros	
	Debe	Haber	Debe	Haber
Documento al cobro		$3000		
Comisión		28		
Diferencia ch #7		54		
Ch.# 2			500	
Ch.# 3			800	
Ch.# 5			320	
Intereses	$ 1100			
Sumas	1100	3082	1620	0
Saldo	**2987**			**2625**
Saldo conciliado		*1005*	*1005*	
Sumas iguales	$ 4087	$4087	625	$ 2625

Asientos de ajuste:

_____ 1 _____

Documentos por Cobrar $ 3000
             Bancos $ 3000

Corrección por cargo indebido en la cuenta de bancos.

_____ 2 _____

Comisión bancaria   24.14
IVA por Acreditar   3.86
             Bancos   28

Comisión bancaria por saldo menor que el establecido.
(Gasto de administración)

_____ 3 _____

Proveedores   54
             Bancos   54

Diferencia por haber registrado mal ch. # 7

_____ 4 _____

Bancos   1100
             Otros gastos y Productos   948.28
             IVA por pagar   151.72

Intereses generados por una inversión a plazo fijo.

SEGUNDA CONCILIACION

En la segunda y posteriores conciliaciones hay que conciliar tres documentos:

Conciliación Contable anterior; Cuenta de Bancos y Estado de Cuenta del Banco.

BANCOS

Saldo anterior	$	1,005.00	ch # 8	$	2,860.00
D		3,500.00	ch # 9		920.00
D		1,500.00	ch # 10		1,038.00
D		750.00	ch # 11		750.00
Sumas		**6755.00**		$	**5,568.00**
Saldo	$	**1,187.00**			

ESTADO DE CUENTA DEL BANCO

Abreviaturas   c=comisión   EC=error corregido

CONCEPTO	CARGO		ABONO	SALDO	
Saldo anterior			$ 2,625.00	$	2,625.00
ch # 5	$	320.00			2,305.00
Cobro Documento			3,000.00		5,305.00
ch # 3		800.00			4,505.00
ch # 10	$	1,038.00			3,467.00
D			3,500.00		6,967.00
D			1,500.00		8,467.00
ch # 9		920.00			7,547.00
ch # 11		750.00			6,797.00
C		30.00			6,767.00
			1,100.00	$	**7,867.00**

CONCILIACIÓN BANCARIA

BANCOS

Saldo anterior	$	1,005.00 ✓	ch # 8	$	2,860.00
D		3,500.00 ✓	ch # 9		920.00 ✓
D		1,500.00 ✓	ch # 10		1,038.00 ✓
D		750.00	ch # 11		750.00 ✓
Sumas		**6755.00**		$	**5,568.00**
Saldo	$	**1,187.00**			

ESTADO DE CUENTA DEL BANCO

Abreviaturas   c=comisión   EC=error corregido

CONCEPTO	CARGO	ABONO	SALDO
Saldo anterior		$ 2,625.00 ✓	$ 2,625.00
ch # 5	$ 320.00 ✓		2,305.00
Cobro Documento		3,000.00	5,305.00
ch # 3	800.00 ✓		4,505.00
ch # 10	$ 1,038.00 ✓		3,467.00
D		3,500.00 ✓	6,967.00
D		1,500.00 ✓	8,467.00
ch # 9	920.00 ✓		7,547.00
ch # 11	750.00 ✓		6,797.00
C	30.00		6,767.00
		1,100.00	$ 7,867.00

CONCILIACIÓN ARITMÉTICA

A Saldo del Estado de Cuenta del Banco   **$ 7,867**

Mas: Nuestros cargos no correspondidos.
   Deposito $ 750

Mas: Sus cargos no correspondidos.
   Comisión   30   780
                       8,647

Menos: Nuestros abonos no correspondidos:
   Cheque # 2   500
   Cheque # 8   2,860   3,360

Menos: Sus abonos no correspondidos:
   Intereses   1,100
   Cobro Documento   3,000   4,100

D Nuestro saldo en Bancos   **$ 1,187**

CONCILIACION CONTABLE

Concepto	Nuestros Libros		Sus Libros	
	Debe	Haber	Debe	Haber
D en transito				$ 750
Comisión		$ 30		
Cobro documento	$ 3000			
Ch. # 2			500	
Ch. # 8				2860
Intereses	1100			
Sumas	4100	30	3360	750
Saldo	2987			7867
Saldo conciliado		5257	5257	
Sumas iguales	$ 5287	$ 5287	$ 8617	$ 8617

Asientos de ajuste:

_____ 1 _____

Bancos $ 3000
        Documentos por cobrar $ 3000

Corrección por cargo indebido en la cuenta de Documentos por cobrar.

_____ 2 _____
Comisión bancaria   25.86
IVA por Acreditar   4.14
        Bancos   30

Comisión bancaria por saldo menor que el establecido.
(Gasto de administración)

_____ 3 _____

Bancos   1100
        Otros gastos y Productos   948.28
        IVA por pagar   151.72

Intereses generados por una inversión a plazo fijo.

Ejercicio Conciliación Bancaria:

CIA. METALURGICA PEÑOLES, S.A.

BANCOS

2 Ene.	D	$	400,100	4	Ene. ch 1	$	80,200
3 Ene.	D		280,480	6	Ene. ch 2		130,418
4 Ene.	D		70,260	6	Ene. ch 3		90,000
5 Ene.	D		150,000	8	Ene. ch 4		160,526
8 Ene.	D		300,140	10	Ene. ch 5		140,000
9 Ene.	D		80,130	14	Ene. ch 6		100,210
13 Ene.	D		100,460	14	Ene. C		11,300
14 Ene.	D		120,800	14	Ene. ch 7		20,000
15 Ene.	D		600,348	16	Ene. ch 8		120,600
17 Ene.	D		90,317	19	Ene. ch 9		300,180
18 Ene.	D		160,390	20	Ene. ch 10		10,000
20 Ene.	D		280,136	21	Ene. ch 11		50,060
23 Ene.	D		180,000	21	Ene. ch 12		130,000
26 Ene.	D		30,126	26	Ene. ch 13		90,200
28 Ene.	D		120,000	27	Ene. ch 14		180,000
31 Ene.	D		140,000	28	Ene. ch 15		30,290
				28	Ene. ch 16		60,040
				29	Ene. ch 17		30,050
				30	Ene. ch 18		10,040
				30	Ene. ch 19		7,000
				31	Ene. ch 20		10,600
			3,103,687				**1,761,714**
Saldo		**$**	**1,341,973**				

Proceda a marcar con un signo de lo que concuerde.

y a encerrar con un círculo en rojo lo que no concuerde.

INVESTIGACIONES

1). El depósito del 8 de Enero que registramos por $300,140., esta formado por efectivo y un cheque por $20,000., que omitimos enviar al banco, corresponde a un pago de un empleado a cuenta de un préstamo que le hicimos con anterioridad.

2). El depósito del 9 de Enero por $80,130., nos fue devuelto por falta de fondos, nos fue entregado por un cliente.

3). El depósito del 17 de Enero por $ 90,317., por un error de nuestra parte lo registramos por esa cantidad, debiendo ser $ 90,617., y corresponde a una venta de contado.

4). El depósito del 23 de Enero que registramos por $180,000., contenía cheque y $30,000., en efectivo que erróneamente se quedaron en la caja de la empresa, corresponden a una venta de contado.

5). El depósito del 28 de Enero se encuentra en tránsito.

6). El cheque No. 1 fue expedido para el pago de agua, lo registramos erróneamente por $80,200., debiendo ser por $80,000.

7). El cheque No. 19 con el que pagamos propaganda, erróneamente lo registramos por $7,000., debiendo ser por $9,000.

BANCO NACIONAL DE MÉXICO, S.A.
ESTADO DE CUENTA

CIA. METALURGICA PEÑOLES, S.A.

CTA. NO. 78910-1

D= DEPOSITO
CH= CHEQUE
C= COMISION

FECHA	CONCEPTO	CARGO	ABONO	SALDO
2 ENE.	D		$400,100	$400,100
3 ENE.	D		280,480	680,580
4 ENE.	D		70,260	750,840
5 ENE.	D		180,000	930,840
5 ENE.	EC	30,000		900,840
5 ENE.	CH 1	80,000		820,840
8 ENE.	D		320,140	1,140,980
8 ENE.	CH 3	90,000		1,050,980
9 ENE.	CH 4	160,526		890,454
13 ENE.	D		100,460	990,914
14 ENE.	D		120,800	1,111,714
14 ENE.	C	11,300		1,100,414
15 ENE.	CH 2	130,418		969,996
15 ENE.	D		600,348	1,570,344
17 ENE.	D		90,617	1,660,961
18 ENE.	D		160,390	1,821,351
20 ENE.	D		280,136	2,101,487
20 ENE.	CH 10	10,000		2,091,487
23 ENE.	D		150,000	2,241,487
26 ENE.	CH 13	90,200		2,151,287
26 ENE.	D		30,126	2,181,413
28 ENE.	D		120,000	2,301,413
28 ENE.	CH 15	30,290		2,271,123
29 ENE.	CH 17	30,050		2,241,073
30 ENE.	CH 19	9,000		2,232,073
30 ENE.	CH 5	140,000		2,092,073
30 ENE.	CH 11	50,060		2,042,013
30 ENE.	CH 20	10,600		$2,031,413

Se Pide:

CONCILIACION ARITMETICA

CONCILIACION CONTABLE

ASIENTOS DE AJUSTE

CONCILIACIÓN ARITMÉTICA

SALDO DEL ESTADO DE CUENTA DEL BANCO			**$2,031,413**
+ Nuestros cargos no correspondidos:			
D	$300,140		
D	80,130		
D	90,317		
D	180,000		
D	140,000	$790,587	
+ Sus cargos no correspondidos:			
CH 1	80,000		
CH 19	9,000	89,000	
- Nuestros abonos no correspondidos:			
CH 1	80,200		
CH 6	100,210		
CH 7	20,000		
CH 8	120,600		
CH 9	300,180		
CH 12	130,000		
CH 14	180,000		
CH 16	60,040		
CH 18	10,040		
CH 19	7,000	1,008,270	
- Sus abonos no correspondidos:			
D	320,140		
D	90,617		
D	150,000	560,757	
SALDO DE NUESTRA CUENTA DE BANCOS			**$1,341,973**

CONCEPTO	Nuestros libros		Sus Libros		
	Debe	Haber	Debe	Haber	
D mal registrado	$20,000				
Ch. dev. Cliente		$80,130			
D mal registrado	300				
D en Caja		30,000			
D en tránsito				$140,000	
Corrección ch 1	200				
Corrección ch 19		2,000			
Ch. en tránsito 6			$100,210		
7			20,000		
8			120,600		
9			300,180		
12			130,000		
14			180,000		
16			60,040		
18			10,040		
Sumas	20,500	112,130	921,070	140,000	
Saldo	1,341,973			2,031,413	
Saldos conciliados		**1,250,343**	**1,250,343**		
Sumas Iguales	$1,362,473	$1,362,473	$2,171,413	$2,171,413	

CONCILIACIÓN CONTABLE

PROCEDA A EFECTUAR LOS ASIENTOS DE AJUSTE

4.2 Concepto de Depreciación

La depreciación consiste en distribuir el costo de un Activo Tangible, menos su valor de desecho a través de la vida útil probable de la unidad.

La Depreciación solo se aplica a Activos Fijos Tangibles.

Es la baja de valor de cualquier activo material debida al desgaste o a la caída en desuso.

Por grandes que sean los gastos en reparaciones, llega finalmente el momento en que un activo no puede seguirse usando, en que tiene que descartarse. Así durante toda su vida el activo va disminuyendo de valor, esto es, se va depreciando.

Es evidente que al terminar la vida de un activo, este tiene que ser reemplazado. Para sufragar este gasto futuro cierto, esto es, el costo de reemplazo, se ponen aparte periódicamente ciertas sumas y el fondo así creado recibe el nombre de Reserva para Depreciación. Las contribuciones anuales a este fondo de reserva son cargos de depreciación.

En la mayoría de los casos estas contribuciones no son, claro esta, transacciones en dinero, sino asientos de contabilidad en libros; estos asientos son cargos contra los ingresos obtenidos cada año. Si no se sigue este método los socios o accionistas resultaran engañados creyendo que las ganancias son mayores de lo que son en realidad.

El valor en libros de un Activo en cualquier momento es el costo del Activo menos la reserva puesta aparte para cubrir la depreciación.

Cuando el Activo ha dejado de ser útil, es posible que no carezca por completo de valor. Si puede utilizarse prácticamente para algún otro uso o venderse como Material de Desecho, este valor ultimo o residual del Activo recibe el nombre de *Valor de Desecho.*

La diferencia entre el Costo Original y el Valor de Desecho de un activo, recibe el nombre de *Valor de Uso.*

4.3 Métodos para el cálculo de la depreciación

- Método Uniforme o de Línea Recta
- Método de la Suma de los Dígitos
- Método de Unidades Producidas
- Método Doble Saldo Decreciente.

Método Uniforme o de Línea Recta

Formula D = C - j / n

D	=	Depreciación
C	=	Costo	$ 32,000.00
j	=	Valor de Desecho	$ 3,200.00
n	=	vida probable	5 años

Tabla de depreciación

Periodo	Depreciación	Depreciación Acum.	Valor en Libros
1	5,760.00	5,760.00	26,240.00
2	5,760.00	11,520.00	20,480.00
3	5,760.00	17,280.00	14,720.00
4	5,760.00	23,040.00	8,960.00
5	5,760.00	28,800.00	3,200.00

Método Suma de los Dígitos

En este método la depreciación se calculara de la siguiente manera:

El valor de uso (Costo - Valor de Desecho) se multiplicara por un factor diferente en cada año.

Dicho factor se forma por un quebrado:

En el que el numerador (del 1er año) es la vida probable del activo (ultimo dígito); y el denominador la suma de los dígitos que representan la vida probable.

En el 2° año el numerador disminuye un dígito, el denominador es el mismo; el numerador seguirá disminuyendo cada año hasta la unidad.

D   =   Depreciación
C   =   Costo $ 32,000.00
j   =   Valor de Desecho $ 3,200.00
n   =   vida probable   5 años

Tabla de depreciación

PERIODO	FACTOR		VALOR USO	DEPRECIA CION	DEPRECIA CION ACUM.	VALOR EN LIBROS
1	5/15	.3333	28,800.00	9,599.00	9,599.00	22,401.00
2	4/15	.2666	28,800.00	7,678.00	17,277.00	14,723.00
3	3/15	.2000	28,800.00	5,760.00	23,037.00	8,963.00
4	2/15	.1333	28,800.00	3,839.00	26,876.00	5,124.00
5	1/15	.0666	28,800.00	1,918.00	28,794.00	3,206.00

Método Unidades Producidas

Para depreciar un Activo se basa en el número total de unidades que se usaran, o las unidades que puede producir el Activo, o el numero de horas que trabajara el activo, o el numero de kilómetros que recorrerá de acuerdo con la formula:

Costo - Valor de desecho   Costo de depreciación   Numero de unidades

-------------------------------- = por una unidad, hora   *   horas o kilómetros = DEPRECIACION

Unidades de Uso   o kilómetro.   usados durante el periodo.

Horas o Kilómetros

Camión Costo $ 330,000.00
Vida probable   5 años
Valor de desecho   30,000.00

Supongamos que el camión recorrerá 75,000 kms., aproximadamente.

El costo de depreciación por kilómetro será:

$330,000. - $30,000.=$300,000./ $75,000. = $4. Costo de depreciación por km.

Para determinar el gasto anual de depreciación, se multiplica el costo por kilómetro por el número de kilómetros que recorrió cada periodo.

Necesitaremos el dato de los kilómetros recorridos cada año de la vida probable.

Tabla de depreciación

PERIODO	COSTO	Kilómetros RECORIDOS	DEPRECIA CION	DEPRECIA CION ACUM.	VALOR EN LIBROS
1	4.	20,000	80,000.	80,000.	250,000.
2	4.	25,000	100,000.	180,000.	150,000.
3	4.	10,000	40,000.	220,000.	110,000.
4	4.	15,000	60,000.	280,000.	50,000.
5	4.	5,000	20,000.	300,000.	30,000.

Métodos de Depreciación Acelerados

Los métodos de depreciación acelerados, en contraste con los lineales, producen un gasto por depreciación mas grande en los primeros años de uso de Activo Fijo, que en los últimos años de su vida útil.

Entre los métodos de depreciación acelerada, el más importante es:

Método de doble saldo decreciente.

En este método no se deduce el valor de desecho.

En el primer año, el costo total del activo se multiplica por un porcentaje, equivalente al doble porcentaje de la depreciación anual por el método de línea recta.

En el segundo año, lo mismo que en los subsecuentes, el porcentaje se aplica al valor en libros del Activo,(Costo menos depreciación acumulada).

C = $ 33,000.00   100% / 5 = 20% * 2 = 40%

j = 3,000.00

n = 5 años

Tabla de depreciación

PERIODO	TASA	DEPRECIACION	DEPRECIACION ACUMULADA	VALOR EN LIBROS
1	40%	13,200.	13,200.	19,800.
2	40%	7,920.	21,120.	11,880.
3	40%	4,752.	25,872.	7,128.
4	40%	2,851.2	28,723.2	4,276.
5	40%	1,710.7	30,434.	2,566.

4.4 Registro contable de impuestos

ISR

Ley del Impuesto Sobre la Renta (Diario Oficial 1° Ene. 2002)

Título II, Artículo 10 Las personas morales deberán calcular el Impuesto Sobre la Renta aplicando al resultado fiscal obtenido en el ejercicio la tasa del 32%.

En base a este artículo la empresa una vez que haya determinado la utilidad del ejercicio aplicará a ésta el 28%, ejemplo:

Utilidad del ejercicio	$ 30,000.00
28% de ISR	8,400.00

El registro contable:

I S R	8,400.00
Bancos	8,400.00

Título IV, Capítulo I, Artículo 113 Obligación de retener el impuesto a los trabajadores una vez aplicadas las tarifas de los artículos 113, 114 y 115.

Suponiendo que la nómina de empleados administrativos fuera de

$ 15,000.00 y el impuesto a retener diera 4,000.00.

El registro contable:

Gastos de administración	$15,000.00
ISR retenido por pagar	4,000.00
Bancos	11,000.00

IVA

Ley del Impuesto al Valor Agregado

Artículo 1 nos menciona que esta grabado y el artículo 9 lo que esta exento.

El registro contable se ha efectuado en cada compra y venta en los ejercicios registrados en las unidades III, IV y V.

Para el registro de este impuesto se emplean dos cuentas:

Una que se utilizará en las operaciones de compra que se denomina IVA por acreditar. La otra que se utilizará cuando se realicen ventas que se llamará IVA por pagar.

Compras ⟶   IVA por acreditar   cuenta activo circulante
Ventas ⟶   IVA por pagar   cuenta pasivo circulante.

Cuando el saldo del IVA por acreditar es mayor que el del IVA por pagar se tendrá un saldo a favor, el cual mediante una declaración lo entregara la SHCP.

Cuando el saldo del IVA por pagar es mayor que el del IVA por acreditar, se tendrá que hacer el pago respectivo.

IMSS

Ley del Seguro Social

Capítulo I, Artículo 11 El régimen obligatorio comprende los seguros de:

  I.   Riesgos de trabajo
  II. Enfermedades y maternidad
  III. Invalidez y vida
  IV. Retiro cesantía en edad avanzada y vejez y
  V.   Guardería y prestaciones sociales.

Artículo 15 Los patrones están obligados a: Fracción III Determinar las cuotas obrero patronales a su cargo y enterar su importe al Instituto.

Capítulo II De las Bases de Cotización y de las cuotas.

Artículo 38 Obligación de retención y entero de cuotas a cargo de los trabajadores.

Artículo 39 Las cuotas obrero patronales se causan por mensualidades vencidas y el patrón está obligado a determinar sus importes en los formatos impresos o usando el programa informático autorizado por el Instituto, realizar el pago respectivo a más tardar el día diecisiete del mes inmediato siguiente.

INFONAVIT

Ley del Instituto del Fondo Nacional de la Vivienda para los Trabajadores.

Artículo 29 Establece que son obligaciones de los patrones:

Fracción II Determinar y pagar al INFONAVIT el 5% del salario diario integrado de sus trabajadores.

Tanto el Seguro Social como el Infonavit son gastos de previsión social.

El registro contable:

Gastos de previsión Social	$11,000.00
IMSS por pagar	7,000.00
Infonavit por pagar	4,000.00

LEY DEL IMPUESTO AL VALOR AGREGADO   IVA

Artículo 1. Están obligadas al pago del impuesto al valor agregado establecido en esta Ley, las personas físicas y las morales que, en territorio nacional, realicen los actos o actividades siguientes:

Actividades gravadas

I.   Enajenen bienes.

II. Presten servicios independientes.

III. Otorguen el uso o goce temporal de bienes.

IV. Importen bienes o servicios.

Tasa general del 16%

El impuesto se calculará aplicando a los valores que señala esta Ley, la tasa del 16%. El impuesto al valor agregado en ningún caso se considerará que forma parte de dichos valores.

Traslación en forma expresa y por separado
Concepto de traslado.

El contribuyente trasladará dicho impuesto, en forma expresa y por separado, a las personas que adquieran los bienes, los usen o gocen temporalmente, o reciban los servicios. Se entenderá por traslado del impuesto el cobro o cargo que el contribuyente debe hacer a dichas personas de un monto equivalente al impuesto establecido en esta Ley, inclusive cuando se retenga en los términos de los artículos 1-A ó 3°., tercer párrafo de la misma.

Pago del impuesto

El contribuyente pagará en las oficinas autorizadas la diferencia entre el impuesto a su cargo y el que le hubieran trasladado o el que él hubiese pagado en la importación de bienes y servicios, siempre que sean acreditables en los términos de esta Ley. En su caso, el contribuyente disminuirá del impuesto a su cargo, el impuesto que se le hubiere retenido.

El traslado del impuesto no es violatorio de precios y tarifas.

El traslado del impuesto a que se refiere este artículo no se considerará violatorio de precios o tarifas, incluyendo los oficiales.

Artículo 1-A

Momento de la retención.   (Pago)

El retenedor efectuará la retención del impuesto en el momento en que se efectúe la enajenación de conformidad con el artículo 11, o se esté obligado al pago del mismo en los términos de los artículos 17 y 22 de esta Ley, y lo enterará mediante declaración en las oficinas autorizadas conjuntamente con los pagos provisionales que correspondan al periodo en que se efectúe la retención o, en su defecto, *a más tardar el día 17 del mes siguiente al que hubiere efectuado la retención*, sin que contra el entero de la retención pueda realizarse acreditamiento, compensación o disminución alguna.

Definición de enajenación.

Artículo 8. Para los efectos de esta Ley, se entiende por enajenación, además de lo señalado en el Código Fiscal de la Federación, el faltante de bienes en los inventarios de las empresas. En este último caso la presunción admite prueba en contrario.

Excepciones

No se considerará enajenación, *la transmisión de propiedad que se realice por causa de muerte, así como la donación,* salvo que ésta la realicen empresas para las cuales el donativo no sea deducible para los fines del impuesto sobre la renta.

Enajenaciones que no causan el impuesto

Art. 9. No se pagará el impuesto en la enajenación de los siguientes bienes.

Suelo

I.   El Suelo.

Casa habitación

II. Construcciones adheridas al suelo, destinadas o utilizadas para casa habitación. Cuando sólo parte de las construcciones se utilicen o destinen a casa habitación, no se pagará el impuesto por dicha parte. Los hoteles no quedan comprendidos en esta fracción.

Libros

III. Libros, periódicos y revistas, así como el derecho para usar o explotar una obra, que realice su autor.

Bienes muebles usados

IV. Bienes muebles usados, a excepción de los enajenados por empresas.

Billetes

V. Billetes y demás comprobantes que permitan participar en loterías, rifas, sorteos o juegos con apuestas y concursos de toda clase, así como los premios respectivos, a que se refiere la Ley del ISR.

Monedas, piezas de oro y plata

VI. Moneda nacional y moneda extranjera, así como las piezas de oro o de plata que hubieran tenido tal carácter y las piezas denominadas onza troy

Partes sociales, documentos pendientes de cobro y Títulos de crédito.

VII. Partes sociales, documentos pendientes de cobro y títulos de crédito, con excepción de certificados de depósito de bienes cuando por la enajenación de dichos bienes se esté obligado a pagar este impuesto y de certificados de participación inmobiliaria no amortizables u otros títulos que otorguen a su titular derechos sobre inmuebles distintos a casa habitación o suelo. En la enajenación de documentos pendientes de cobro, no queda comprendida la enajenación del bien que ampare el documento.

Lingotes de oro.

VIII. Lingotes de oro con un contenido mínimo de 99% de dicho material, siempre que su enajenación se efectúe en ventas al menudeo con el público en general.

Servicios que no pagan Impuestos

Artículo 15. No se pagará el impuesto por la prestación de los siguientes servicios:

X. **Por los que deriven intereses que:**

Relacionados con actos a tasa 0%

a) Deriven de operaciones en las que el enajenante, el prestador del servicio o quien conceda el uso o goce temporal de bienes, proporcione financiamiento relacionado con actos o actividades por los que no se esté obligado al pago de este impuesto o a los que se les aplique la tasa del 0%.

Que reciban o paguen las instituciones de crédito.

Reciban o paguen las instituciones de crédito, las uniones de crédito, las sociedades financiera de objeto limitado, las sociedades de ahorro y préstamo y las empresas de factoraje financiero, en operaciones de financiamiento, para las que requieran de autorización y por concepto de descuento en documentos pendientes de cobro, los que reciban los almacenes generales de depósito por créditos otorgados que hayan sido garantizados con bonos de prenda, así como las comisiones de los agentes y corresponsales de las instituciones

UNIDAD V

CICLO CONTABLE

COMPETENCIA A DESARROLLAR

- Efectuará el registro contable de las transacciones de los negocios mediante la descripción del ciclo contable que incluye:

    Análisis de la información
    Sistema de Inventarios Perpetuo
    Hoja de trabajo
    Asientos de cierre del ejercicio.
    Elaboración de Estados Financieros

Unidad V Ciclo Contable

Lineamientos:

a) El alumno investigará sobre el ciclo contable dónde inicia y termina, identificará el aprendizaje principal que reconoce para si mismo plasmándolo en mapas o esquemas conceptuales.

b) Discusión en equipos sobre lo investigado y la antología plasmada en los puntos del 5.1, al 5.6, llegando a un resumen grupal.

c) Análisis del Sistema de Inventario Perpetuo.

d) Elaboración de los ejercicios qué le darán evidencia de aprendizaje de la competencia que usted haya adquirido, utilizando Excel, manejando una hoja para los asientos, otra para cuentas T, otra para la Hoja de Trabajo, otra para el Estado de Pérdidas y Ganancias y una más para el Balance General, haciendo el enlace correspondiente.

5.1 Proceso contable

Las actividades u operaciones mercantiles se producen cada día, cuando se venden productos o servicios a los clientes, se efectúan compras a proveedores y se pagan cuentas.

Estas operaciones tienen que anotarse de manera ordenada. La forma más elemental de hacerlo es registrar cada operación en un diario general.

Este es el primer paso en el proceso contable de la empresa.

Al proceso de registrar las operaciones o transacciones de negocios en el diario general se denomina asentar.

El asiento diario tiene las siguientes partes:

1. Fecha
2. Cuenta (s) a cargar
3. Cuenta (s) a abonar
4. Explicación

Cada operación registrada debe tener, por lo menos, un cargo y un abono compensatorio o igual. El asiento que tiene más de un cargo y abono se conoce como asiento "Compuesto".

En todo momento, la suma de los cargos tiene que ser igual a la suma de los abonos.

Los asientos deben prepararse en forma clara y exacta, de tal manera que después de cierto tiempo, tanto quien efectúa el asiento como otras personas tendrán necesidad de leerlo y entenderlo. Ejemplo: El 1° de Enero del 200_ se compran mercancías por $100. a crédito según factura # 34 de Comercial de Acero, S.A.

```
_____ 1 _____

1° Enero 200_      Mercancías          .... $ 100.00
                   IVA por Acreditar         16.00
                   Proveedores         .........          116.00


                   Compra a Comercial de Acero S.A.
                   según factura # 34.
```

Este formato es válido en el caso de que el registro sea manual o a través de la computadora (póliza)

Mayor General

El mayor es un registro individual o separado de los aumentos o disminuciones de cada una de las cuentas que aparezcan en el catálogo de cuentas de la empresa.

Estos aumentos o disminuciones se registran en cuentas T.

Pases al Mayor.

El siguiente paso en el ciclo contable es pasar, (asentar, copiar) la información del diario a las cuentas individuales del mayor.

El pase al Mayor del asiento de nuestro ejemplo es:

Mercancías	IVA por Acreditar	Proveedores
$100.00	16.00	116.00

5.2 Reglas del cargo y abono

De acuerdo a las Reglas de la "Teoría de la Partida Doble" asentadas en la Unidad II página 19, se tiene que:

Cargar cuando: Aumenta el Activo

                                Disminuye el Pasivo

                                Disminuye el Capital

Abonar cuando: Disminuye el Activo

                                Aumenta el Pasivo

                                Aumenta el Capital

5.3 Registros contables

El proceso de contabilización se lleva a través de los siguientes registros una vez analizada la información:

a) Asientos de diario
b) Clasificación en el mayor general (cuentas T)
c) Elaboración de la Balanza de comprobación
d) Elaboración de los Estados Financieros (Estado de Pérdidas y Ganancias y Balance General).

5.4 Sistema de Inventarios Perpetuo

Se tratará ahora de conocer otro método de control de mercancías diferente al sistema de inventarios pormenorizado al cual nos enfocamos en la Unidad III.

El Sistema de Inventarios Perpetuos aplicado en empresas que venden un número reducido de artículos con precios relativamente altos y que al momento de efectuar su venta es posible verificar su costo y por lo tanto es posible llevar un control mediante el uso de tarjetas auxiliares de almacén, las cuales proporcionaran en cualquier momento el importe de las unidades en existencia, las cuales deberán de ser iguales a las reportadas por la contabilidad en su cuenta de mayor, (almacén) o sea el inventario final.

Este procedimiento consiste en registrar las operaciones de compra-venta de mercancías de tal manera que se pueda conocer en cualquier momento el importe de las existencias de mercancías, el del Costo de Ventas y el de las ventas netas.

Las entradas y salidas de mercancías se registrarán en una cuenta que se llama Almacén

Características:

Sí lleva control de mercancías

Se utilizan sólo tres cuentas en relación con la compraventa de mercancías.

ALMACÉN	COSTO DE VENTAS	VENTAS

Por cada:

Venta y Devolución sobre venta
se deben hacer dos asientos:

Uno a Precio de Venta
Uno a Precio de Costo

ALMACÉN

(Precio de Costo)

Inventario Inicial	Ventas
Compras	Devoluciones sobre compras
Gastos de Compra	Rebajas sobre compras
Devoluciones s/ ventas	
Inventario Final	

COSTO DE VENTA

(Precio de Costo)

Ventas	Devoluciones sobre ventas
Costo de Ventas	

VENTAS

(Precio de Venta)

Devoluciones sobre ventas Rebajas sobre ventas	Ventas
	Ventas Netas

Ejercicio 1. Para registrar las operaciones en asientos de diario, cuentas T, Balanza de Comprobación y Estados Financieros.

Primero hágalo manualmente y después llévelo a Excel, en una hoja por concepto, haciendo los enlaces de la hoja de los asientos a la Hoja de las cuentas T, a la Balanza de Comprobación y posteriormente a los estados financieros

Ejercicio del sistema de inventarios perpetuo.

Saldos Iniciales:

Caja	$ 500.	Clientes	$	900.
Bancos	4,000.	Mobiliario.		7,000.
Mercancías	9,000.	Equipo de reparto		500.
Proveedores	2,000.	Documentos por Pagar		1,400.
		Capital		18,000.

1. Se compran mercancías por $2,000., entregamos el 50% con cheque y el resto lo quedamos a deber.
2. Se venden mercancías por $7,000., nos entregan el 10% en efectivo y el resto con un documento a tres meses con el 9% de interés mensual. El costo es de $ 4,000.
3. Se retira un socio y le entregamos por su aportación un cheque por $ 4,000., y un documento por $1,000.
4. Se paga con cheque lo siguiente: Sueldo empleados de oficina por $1,000., propaganda $40., papelería $100., mantenimiento equipo de reparto $80., comisión a vendedor (Independiente) $100.
5. Se vende el mobiliario en $14,000., nos pagan el 50% en efectivo y 50% con cheque que depositamos en el banco.
6. Se paga el saldo al proveedor con cheque, concediéndonos un descuento del 10% por haber efectuado este pago.

Sistema Inventarios Perpetuo   Ejercicio 1
Balanza de Comprobación

IVA	16%						
	OPERACIONES				ASIENTOS CONTABLES		
	Saldos Iniciales				SI	Cargo	Abono
$ 500.00	Caja	+		Caja		$ 500.00	
4,000.00	Bancos	+		Bancos		4,000.00	
9,000.00	Almacén	+		Almacén		9,000.00	
900.00	Clientes	+		Clientes		900.00	
7,000.00	Mobiliario	+		Mobiliario		7,000.00	
500.00	Equipo de Reparto			Equipo de Reparto		500.00	
2,000.00	Proveedores	-		Proveedores			2,000.00
1,400.00	Documentos por pagar			Documentos por pagar			1,400.00
48,100.00	Capital	-		Capital Social			18,500.00
				Asiento de apertura, se tuvo que ajustar la cuenta de Capital Social.			
	1)				1		
2,000.00	Almacén	+		Almacén		2,000.00	
320.00	IVA por acreeditar	+		IVA por acreeditar		320.00	
2,320.00	TOTAL			Bancos			1,160.00
1,160.00	50% Bancos	-		Proveedores			1,160.00
1,160.00	50% Proveedores	-					
	2				2		
7,000.00	Ventas	-		Caja		812.00	
1,120.00	IVA x pagar	-		Documentos por cobrar		9,596.87	
8,120.00	TOTAL			Ventas			7,000.00
812.00	10% Caja	+		IVA x pagar			1,120.00
7,308.00				Intereses a favor			1,973.16
1,973.16	27% Intereses a favor	-		IVA por pagar			315.71
315.71	IVA por pagar	-					
9,596.87	Documentos por cobrar	+					
	2a)				2a		
4,000.00	Almacén	-		Costo de ventas		4,000.00	
4,000.00	Costo de ventas	+		Almacén			4,000.00

Sistema Inventarios Perpetuo   Ejercicio 1
Balanza de Comprobación

						3		
5,000.00		Capital	+	Capital			5,000.00	
4,000.00		Bancos	-		Bancos			4,000.00
1,000.00		Documentos por Pagar	-		Documentos por Pagar			1,000.00
		4)				4		
1,100.00		Gastos Administración	+	Gastos Administración		1,100.00		
220.00		Gastos de Venta	+	Gastos de Venta		220.00		
824,040.00		TOTAL		IVA por Acreditar		51.20		
51.20		IVA por acreeditar	+		Bancos			1,371.20
1,371.20		Bancos	-					
		5)				5		
7,000.00		Mobiliario	-	Caja			8,120.00	
7,000.00		Utilidad Venta A.F.	-	Bancos			8,120.00	
14,000.00		Total			Mobiliario			7,000.00
2,240.00		IVA por Pagar	-		Utilidad Venta A.F.			7,000.00
16,240.00		Total			IVA por Pagar			2,240.00
8,120.00	50%	Caja	+					
8,120.00	50%	Bancos	+					
		6)				6		
3,160.00		Proveedores	+	Proveedores			3,160.00	
316.00		Productos Financieros	-		Productos Financieros			316.00
2,844.00		Bancos	-		Bancos			2,844.00

Ejercicio 1

Sistema Inventarios Perpetuo
Balanza de Comprobación

Caja

Debe	Haber
Si) 500.00	
2) 812.00	
5) 8,120.00	
9,432.00	-
9,432.00	

Bancos

Debe	Haber
Si) 4,000.00	1,160.00 (1
5) 8,120.00	4,000.00 (3
	1,371.20 (4
	2,844.00 (6
12,120.00	9,375.20
2,744.80	

Capital

Debe	Haber
3) 5,000.00	18,500.00 (Si
5,000.00	18,500.00
-	13,500.00

IVA por Acreeditar

Debe	Haber
Si) 320.00	
4) 51.20	
371.20	371.20
371.20	

Documentos por cobrar

Debe	Haber
2) 9,596.87	
9,596.87	9,596.87
9,596.87	

Gastos de venta

Debe	Haber
4) 220.00	
220.00	-
220.00	

Proveedores

Debe	Haber
3,160.00	2,000.00 (Si
	1,160.00 (1
3,160.00	3,160.00
	3,160.00

Mobiliario

Debe	Haber
7,000.00 (5	7,000.00 (6
7,000.00	7,000.00
-	

Clientes

Debe	Haber
Si) 900.00	
900.00	900.00
900.00	

Almacén

Debe	Haber
9,000.00 (Si	4,000.00 (2a
2,000.00	
11,000.00	4,000.00
7,000.00	

Equipo de Reparto

Debe	Haber
Si) 500.00	
500.00	500.00
500.00	

IVA por pagar

Debe	Haber
	1,435.71 (2
	2,240.00 (5
3,675.71	3,675.71
3,675.71	3,675.71

Ventas

Debe	Haber
	7,000.00 (2
7,000.00	7,000.00
-	-

Documentos por pagar

Debe	Haber
	1,400.00 (Si
	1,000.00 (3
2,400.00	2,400.00
2,400.00	

Productos financieros

Debe	Haber
	1,973.16 (2
	316.00 (6
2,289.16	2,289.16
2,289.16	

Gastos de Administración

Debe	Haber
4) 1,100.00	
1,100.00	1,100.00
1,100.00	

Costo de ventas

Debe	Haber
2a) 4,000.00	
4,000.00	4,000.00
4,000.00	

Utilidad Venta A.F.

Debe	Haber
	7,000.00 (5
7,000.00	7,000.00
-	-

Sistema Inventarios Perpetuo   Ejercicio 1
Balanza de Comprobación

CIA. MEXICANA, S.A.
BALANZA DE COMPROBACION
DEL 1 ENERO AL 31 DE DICIEMBRE DEL 201___

Cuentas	Saldos Iniciales		Movimientos		Saldos Finales	
	Debe	Haber	Debe	Haber	Debe	Haber
Caja	500		8,932.00		9,432.00	
Bancos	4,000		8,120.00	9,375.20	2,744.80	
Almacén	9,000		2,000.00	4,000.00	7,000.00	
Clientes	900				900.00	
Mobiliario	7,000			7,000.00		
Equipo de Reparto	500				500.00	
Proveedores		2,000	3,160.00	1,160.00		
Capital Social		18,500	5,000.00			13,500.00
IVA por Acreditar			371.20		371.20	
Documentos por pagar		1,400		1,000.00		2,400.00
Ventas				7,000.00		7,000.00
IVA por pagar				3,675.71		3,675.71
Documentos por cobrar			9,596.87		9,596.87	
Costo de venta			4,000.00		4,000.00	
Productos Financieros				2,289.16		2,289.16
Gastos de Administración			1,100.00		1,100.00	
Gastos de Venta			220.00		220.00	
Utilidad Venta Activo Fijo				7,000.00		7,000.00
SUMAS IGUALES	21,900	21,900	42,500.07	42,500.07	35,864.87	35,864.87

CIA. MEXICANA, S.A.
ESTADO DE PERDIDAS Y GANANCIAS
DEL 1 ENERO AL 31 DE DICIEMBRE DEL 201___

VENTAS NETAS	$ 7,000.00	
Costo de ventas	4,000.00	
UTILIDAD SOBRE VENTAS		3,000.00
GASTOS DE OPERACIÓN		
GASTOS DE VENTA	220.00	
GASTOS DE ADMINISTRACIÓN	1,100.00	
GASTOS Y PRODUCTOS FINANCIEROS	2,289.16	- 969.16
UTILIDAD DE OPERACIÓN		3,969.16
OTROS GASTOS Y PRODUCTOS		7,000.00
UTILIDAD DEL EJERCICIO		$10,969.16

Sistema Inventarios Perpetuo   Ejercicio 1
Balanza de Comprobación

		CIA. MEXICANA, S.A.			
		BALANCE GENERAL			
		AL 31 DE DICIEMBRE DEL 201__			
	ACTIVO		**PASIVO**		
ACTIVO CIRCULANTE			**PASIVO CIRCULANTE**		
			Documentos por pagar		2,400.00
Caja	$9,432.00		IVA por Pagar		3,675.71
Bancos	2,744.80				**6,075.71**
Almacén	7,000.00		**CAPITAL CONTABLE**		
Clientes	900.00		Capital social	13,500.00	
IVA por Acreeditar	371.20		Utilidad Ejerc.	10,969.16	**24,469.16**
Documentos por cobrar	9,596.87				
		30,044.87			
ACTIVO FIJO					
Equipo de Reparto		**500.00**			
SUMA ACTIVO		**$30,544.87**	**SUMA PASIVO Y CAPITAL**		**$30,544.87**

Ejercicio 2. Para registrar las operaciones en asientos de diario, cuentas T, Balanza de Comprobación y Estados Financieros.

Primero hágalo manualmente y después llévelo a Excel, en una hoja para asientos, otra para cuentas T, Balanza de Comprobación y Estados Financieros, haciendo los enlaces correspondientes.

Ejercicio del sistema de inventarios perpetuo.

Saldos Iniciales:

Caja......	$ 121,000.		Clientes....	$ 10,000.
Bancos....	89,000.		Proveedores..	69,100.
Almacén....	180,000.		Capital.........	330,900.

1. Se vendieron mercancías por $35,000., en efectivo. El costo es de $12,000.
2. Nos devolvieron mercancías por $4,400., regresamos el efectivo. El costo es de $ 1,800.
3. Se compraron mercancías por $50,000., en efectivo.
4. Las compras anteriores originaron gastos por $7,000., que pagamos en efectivo.
5. Se vendieron mercancías por $85,000., nos pagan el 10% en efectivo y el resto nos lo quedan a deber. El costo es de $38,000.
6. Se concedió a los clientes una rebaja de $15,000.
7. Se pagó con cheque lo siguiente: Propaganda $9,000., y renta de oficinas $25,000.
8. Se vendieron mercancías por $20,000., nos pagan con un documento a dos meses con el 9% de interés mensual. El costo es de $7,000.
9. Se admitió un nuevo socio que aportó un terreno por $400,000., y mercancías por $100,000.
10. Se pagó al proveedor el total e su saldo con cheque, concediéndonos un descuento del 10% por haber efectuado esta liquidación.

Sistema Inventarios Perpetuo   Ejercicio 2
Balanza Comprobación

IVA	16%	OPERACIONES					ASIENTOS CONTABLES		
		Saldos Iníciales					SI	Cargo	Abono
$ 121,000.00		Caja	+			Cajá		$ 121,000.00	
89,000.00		Bancos	+			Bancos		89,000.00	
180,000.00		Almacén	+			Almacén		180,000.00	
10,000.00		Clientes	+			Clientes		10,000.00	
69,100.00		Proveedores	-			Proveedores			69,100.00
330,900.00		Capital	-			Capital Social			330,900.00
						Asiento de apertura.			
		1)				1			
35,000.00		Ventas	-			Caja		40,600.00	
5,600.00		IVA x pagar	-			Ventas			35,000.00
40,600.00		Caja	+			IVA x pagar			5,600.00
		1a)				1a			
12,000.00		Almacén	-			Costo de ventas		12,000.00	
12,000.00		Costo de ventas	+			Almacén			12,000.00
		2				2			
4,400.00		Ventas	+			Ventas		4,400.00	
704.00		IVA x pagar	+			IVA x pagar		704.00	
5,104.00		Caja	-			Caja			5,104.00
		2a)				2a			
1,800.00		Almacén	-			Almacén		1,800.00	
1,800.00		Costo de ventas	+			Costo de ventas			1,800.00

Sistema Inventarios Perpetuo   Ejercicio 2
Balanza Comprobación

						3		
50,000.00		Almacén	+	Almacén			50,000.00	
8,000.00		IVA por Acreditar	+	IVA por Acreditar			8,000.00	
58,000.00		Caja	-	**Caja**				58,000.00
	4)					4		
7,000.00		Almacén	+	Almacén			7,000.00	
1,120.00		IVA por Acreditar	+	IVA por Acreeditar			1,120.00	
8,120.00		Caja	-	**Caja**				8,120.00
	5)					5		
85,000.00		Ventas	-	Caja			9,860.00	
13,600.00		IVA por Pagar	-	Clientes			88,740.00	
98,600.00		Total		**Ventas**				85,000.00
9,860.00	10%	Caja	+	**IVA por Pagar**				13,600.00
88,740.00	90%	Bancos	+					
	5a)					5a		
38,000.00		Almacén	-	Costo de ventas			38,000.00	
38,000.00		Costo de ventas	+	**Almacén**				38,000.00
	6)					6		
15,000.00	116%	Clientes	-	Ventas			12,931.03	
12,931.03	100%	Ventas	+	IVA por Pagar			2,068.97	
2,068.97	16%	IVA por Pagar	+	**Clientes**				15,000.00

Sistema Inventarios Perpetuo   Ejercicio 2
Balanza Comprobación

	7)				7	
9,000.00		Gastos de Venta	+	Gastos de Ventas	9,000.00	
25,000.00		Gastos de Administracion	+	Gastos de Administración	25,000.00	
5,440.00		IVA por Acreditar	+	IVA por Acreditar	5,440.00	
39,440.00		Bancos	-	**Bancos**		39,440.00
	8)				8	
20,000.00		Ventas	-	Documentos por Cobrar	28,044.16	
3,200.00		IVA por Pagar	-	**Ventas**		20,000.00
23,200.00		Total		**Intereses a Favor**		4,176.00
4,176.00	18%	Intereses a Favor	-	**IVA por Pagar**		3,868.16
668.16		IVA por Pagar	-			
28,044.16		Documentos por cobrar	+			
	8a)				8a	
7,000.00		Almacén	-	Costo de ventas	7,000.00	
7,000.00		Costo de ventas	+	**Almacén**		7,000.00
	9)				9	
400,000.00		Terreno	+	Terreno	400,000.00	
100,000.00		Almacén	+	Almacén	100,000.00	
500,000.00		Capital Social	-	**Capital Social**		500,000.00
	10)				10)	
69,100.00		Proveedores		Proveedores	69,100.00	
6,910.00	10%	Productos Financieros		**Productos Financieros**		6,910.00
62,190.00		Bancos		**Bancos**		62,190.00

Sistema Inventarios Perpetuo
Balanza Comprobación
Ejercicio 2

Caja				Bancos				Almacén		
SI) $ 121,000.00	5,104.00	(2	SI) 89,000.00	39,440.00	(7	SI)	180,000.00	12,000.00	(1a
1) 40,600.00	58,000.00	(3		62,190.00	(10	2a)	1,800.00	38,000.00	(5
5) 9,860.00	8,120.00	(4				3)	50,000.00	7,000.00	(8a
						4)	7,000.00		
171,460.00	71,224.00		89,000.00	101,630.00		9)	100,000.00		
100,236.00	-		-	12,630.00			338,800.00	57,000.00	
							281,800.00	-	

Capital			IVA por Acreeditar		
	330,900.00	(SI	3)	8,000.00	
	500,000.00	(9	4)	1,120.00	
			7)	5,440.00	
-	830,900.00		14,560.00	-	
-	830,900.00		14,560.00	-	

			Documentos por cobrar					Costo de ventas		
			8)	28,044.16			1a)	12,000.00	1,800.00	(2a
							5a)	38,000.00		
							8a)	7,000.00		
				28,044.16	-			57,000.00	1,800.00	
				28,044.16	-			55,200.00	-	

Gastos de venta		
7)	9,000.00	
	9,000.00	-
	9,000.00	-

Sistema Inventarios Perpetuo   Ejercicio 2
Balanza Comprobación

	Clientes						Proveedores		
SI)	10,000.00	15,000.00	(6			10)	69,100.00	69,100.00	(si
5)	88,740.00								
	98,740.00	15,000.00					69,100.00	69,100.00	
	83,740.00	-					-	-	

	Ventas				IVA por pagar		
2)	4,400.00	35,000.00	(1 2)	704.00	5,600.00	(1
6)	12,931.03	85,000.00	(5 6)	2,068.97	13,600.00	(5
		20,000.00	(8		3,868.16	(8
	17,331.03	140,000.00		2,772.97	23,068.16	
	-	122,668.97		-	20,295.19	

	Productos financieros				Gastos de Administración		
		4,176.00	(8	7)	25,000.00		
		6,910.00	(10				
	-	11,086.00			25,000.00	-	
	-	11,086.00			25,000.00	-	

	Terrenos	
9)	400,000.00	
	400,000.00	-
	400,000.00	

Sistema Inventarios Perpetuo   Ejercicio 2
Balanza Comprobación

Cuentas	Saldos Iniciales		Movimientos		Saldos Finales	
	Debe	Haber	Debe	Haber	Debe	Haber
CIA. MEXICANA, S.A.						
BALANZA DE COMPROBACION						
DEL 1 DE ENERO AL 31 DE DICIEMBRE DEL 201___						
Caja	121,000.00		50,460.00	71,224.00	100,236.00	
Bancos	89,000.00			101,630.00		12,630.00
Almacén	180,000.00		158,800.00	57,000.00	281,800.00	
Clientes	10,000.00		88,740.00	15,000.00	83,740.00	
Proveedores		69,100.00	69,100.00			
Capital Social		330,900.00		500,000.00		830,900.00
IVA por Acreditar			14,560.00		14,560.00	
Ventas			17,331.03	140,000.00		122,668.97
IVA por pagar			2,772.97	23,068.16		20,295.19
Documentos por cobrar			28,044.16		28,044.16	
Costo de venta			57,000.00	1,800.00	55,200.00	
Productos Financieros				11,086.00		11,086.00
Gastos de Administración			25,000.00		25,000.00	
Gastos de Venta			9,000.00		9,000.00	
Terrenos			400,000.00	-	400,000.00	-
SUMAS IGUALES	400,000.00	400,000.00	920,808.16	920,808.16	997,580.16	997,580.16

CIA. MEXICANA, S.A.

ESTADO DE PERDIDAS Y GANANCIAS

DEL 1 ENERO AL 31 DE DICIEMBRE DEL 201__

VENTAS NETAS		$ 122,668.97	
Costo de ventas		55,200.00	
UTILIDAD SOBRE VENTAS			67,468.97
GASTOS DE OPERACIÓN			
GASTOS DE VENTA		9,000.00	
GASTOS DE ADMINISTRACIÓN		25,000.00	
GASTOS Y PRODUCTOS FINANCIEROS		11,086.00	22,914.00
UTILIDAD DE OPERACIÓN			44,554.97
OTROS GASTOS Y PRODUCTOS			-
UTILIDAD DEL EJERCICIO			$ 44,554.97

Sistema Inventarios Perpetuo   Ejercicio 2
Balanza Comprobación

	CIA. MEXICANA, S.A.				
	BALANCE GENERAL				
	AL 31 DE DICIEMBRE DEL 201__				
	ACTIVO		**PASIVO**		
ACTIVO CIRCULANTE			PASIVO CIRCULANTE		
			Bancos	12,630.00	
Caja	$ 100,236.00		IVA por Pagar	20,295.19	
Almacén	281,800.00				32,925.19
Clientes	83,740.00		**CAPITAL CONTABLE**		
IVA por Acreeditar	14,560.00		Capital social	830,900.00	
Documentos por cobrar	28,044.16		Utilidad Ejerc.	44,554.97	875,454.97
		508,380.16			
ACTIVO FIJO					
Terreno		400,000.00			
SUMA ACTIVO		$ 908,380.16	SUMA PASIVO Y CAPITAL		$ 908,380.16

Ejercicio 3. Para registrar las operaciones en asientos de diario, cuentas T, Balanza de Comprobación y Estados Financieros.

Primero hágalo manualmente y después llévelo a Excel, en una hoja para asientos, otra para cuentas T, Balanza de Comprobación y Estados Financieros, haciendo los enlaces correspondientes.

Ejercicio del sistema de inventarios perpetuo.

Saldos iniciales:

Caja............	$80,000.	Clientes........	$30,000.
Bancos........	75,000.	Mobiliario............	260,000.
Mercancías...	500,000.	Acreedores Diversos.......	130,000.
Proveedores...	350,000.	Documentos por pagar.....	100,000.
Capital........	365,000.		

1. Se pagó la renta del local de ventas por $5,000., con cheque.
2. Se pagó la renta del local de oficinas administrativas por $8,000., con cheque.
3. Se vendieron mercancías por $125,000., con un costo de $80,000., nos pagaron en efectivo.
4. Nos pagó un cliente $20,000., con cheque.
5. Se pagó con cheque un documento a nuestro cargo por $100,000., por adelantado, concediéndonos un 20% de descuento por pago anticipado.
6. Nos devolvieron mercancías por $175,000., que nos habían pagado de contado y por aceptar la devolución se cobro una comisión de un 5%. El costo es de $112,000.
7. Se compraron mercancías pro $32,500., firmando un documento a nuestro cargo con el 7% de interés.
8. Se vendieron mercancías por $75,000., nos pagan el 50% en efectivo y el 50% con un cheque. El costo es de $40,000.
9. Se pagó el sueldo de los empleados de oficina por $12,000., y los sueldos de los vendedores dependientes por $23,000., con cheque.
10. Se vendió el mobiliario en $205,000., nos entregaron un documento a tres meses con el 5% de interés mensual.

Sistema Inventarios Perpetuo　　　　　　　　　　Ejercicio 3
Balanza Comprobación

IVA	16%						
OPERACIONES				**ASIENTOS CONTABLES**			
Saldos Iniciales					SI	Cargo	Abono
$ 80,000.00	Caja	+		Caja		$ 80,000.00	
75,000.00	Bancos	+		Bancos		75,000.00	
500,000.00	Almacén	+		Almacén		500,000.00	
30,000.00	Clientes	+		Clientes		30,000.00	
260,000.00	Mobiliario	+		Mobiliario		260,000.00	
350,000.00	Proveedores	-		**Proveedores**			350,000.00
130,000.00	Acreedores Diversos			**Acreedores Diversos**			130,000.00
100,000.00	Documentos por pagar			**Documentos por pagar**			100,000.00
365,000.00	Capital	-		**Capital Social**			365,000.00
				Asiento de apertura.			
	1)				1		
5,000.00	Gastos de Venta	+		Gastos de Venta		5,000.00	
800.00	IVA por acreeditar	+		IVA por acreeditar		800.00	
5,800.00	Bancos	-		**Bancos**			5,800.00
	2)				2		
8,000.00	Gastos de Administración	+		Gastos de Administración		8,000.00	
1,280.00	IVA por acreeditar	+		IVA por acreeditar		1,280.00	
9,280.00	Bancos	-		**Bancos**			9,280.00
	3)				3		
125,000.00	Ventas	-		Caja		145,000.00	
20,000.00	IVA x pagar	-		**Ventas**			125,000.00
145,000.00	Caja	+		**IVA x pagar**			20,000.00

Sistema Inventarios Perpetuo   Ejercicio 3
Balanza Comprobación

				3a		
3a)						
80,000.00	Almacén	-	Costo de ventas		80,000.00	
80,000.00	Costo de ventas	+	**Almacén**			80,000.00
4)				4		
20,000.00	Clientes	-	Bancos		20,000.00	
20,000.00	Bancos	+	Clientes			20,000.00
5)				5		
100,000.00	Documentos porPagar	+	Documentos porPagar		100,000.00	
20,000.00	20% Producto Financiero	-	**Productos Financieros**			20,000.00
80,000.00	Bancos	-	**Bancos**			80,000.00
6)				6		
175,000.00	Venta + IVA		Ventas		150,862.07	
150,862.07	Ventas	+	IVA por PAGAR		24,137.93	
24,137.93	IVA por PAGAR	+	**Productos Financieros**			8,750.00
8,750.00	5% Productos Financieros	-	**Bancos**			166,250.00
166,250.00	Bancos	-				
6)				6a)		
112,000.00	Almacén	+	Almacén		112,000.00	
112,000.00	Costo de Ventas	-	**Costo de Ventas**			112,000.00

Sistema Inventarios Perpetuo
Balanza Comprobación

	7)			7		
$ 32,500.00		Almacén		Almacén	$ 32,500.00	
5,200.00		IVA por Acreditar		IVA por Acreditar	5,200.00	
37,700.00		TOTAL		Intereses a Cargo	2,639.00	
2,639.00	7%	Intereses a Cargo		IVA por Acreditar	422.24	
422.24		IVA por Acreditar		**Documentos por Pagar**		40,761.24
40,761.24		Documentos por Pagar				
	8)			8		
75,000.00		Ventas	-	Caja	43,500.00	
12,000.00		IVA x pagar	-	Bancos	43,500.00	
87,000.00		TOTAL		**Ventas**		75,000.00
43,500.00	50%	Caja	+	**IVA x pagar**		12,000.00
43,500.00	50%	Bancos	+			
	8a)			8a		
40,000.00		Almacén	-	Costo de ventas	40,000.00	
40,000.00		Costo de ventas	+	**Almacén**		40,000.00
	9)			9		
12,000.00		Gastos Administración	+	Gastos Administración	12,000.00	
23,000.00		Gastos de Venta	+	Gastos de Venta	23,000.00	
35,000.00		Bancos	-	**Bancos**		35,000.00
	10)			10		
260,000.00		Mobiliario	-	Perdida en Venta A.F.	55,000.00	
55,000.00		Perdida Venta A.F.	+	Documentos por Cobrar	279,177.20	
205,000.00		Venta Mobiliario	-	**Mobiliario**		260,000.00
32,800.00		IVA por Pagar	-	**IVA por Pagar**		32,800.00
237,800.00		Total		**Intereses a Favor**		35,670.00
35,670.00	15%	Intereses a Favor	-	**IVA por Pagar**		5,707.20
5,707.20		IVA por Pagar	-			
279,177.20		Documento por Cobrar	+			

Sistema Inventarios Perpetuo   Ejercicio 3
Balanza Comprobación

	Caja					Bancos					Almacén		
SI)	80,000.00	166,250.00	(6	SI)	75,000.00	5,800.00	(1	SI)	500,000.00	80,000.00	(3a		
3)	145,000.00			4)	20,000.00	9,280.00	(2	6a)	112,000.00	40,000.00	(8a		
8)	43,500.00			8)	43,500.00	80,000.00	(5	7)	32,500.00				
						35,000.00	(9						
	268,500.00	166,250.00			138,500.00	130,080.00			644,500.00	120,000.00			
	102,250.00	-			8,420.00	-			524,500.00	-			

	Capital					IVA por Acreeditar		
		365,000.00	(SI	1)	800.00			
				2)	1,280.00			
				7)	5,200.00			
				7)	422.24			
	-	365,000.00			7,702.24	-		
	-	365,000.00			7,702.24	-		

		Documentos por cobrar				Costo de ventas		
	10)	279,177.20			3a)	80,000.00	112,000.00	(6a
					8a)	40,000.00		
		279,177.20	-			120,000.00	112,000.00	
		279,177.20	-			8,000.00	-	

	Pérdida Venta A.F.	
10)	55,000.00	
	55,000.00	-
	55,000.00	-

Sistema Inventarios Perpetuo

Balanza Comprobación

Clientes				Mobiliario				Proveedores		
SI)	30,000.00	$ 20,000.00	(4 SI)	260,000.00	260,000.00	(10			350,000.00	(si
									-	(1
	30,000.00	20,000.00		260,000.00	260,000.00			-	350,000.00	
	10,000.00	-		-	-			-	350,000.00	

Documentos por pagar				Ventas				IVA por pagar		
5)	100,000.00	100,000.00	(SI 6)	150,862.07	125,000.00	(3 6)	24,137.93	20,000.00	(3
		40,761.24	(7		75,000.00	(8		12,000.00	(8
								32,800.00	(10
								5,707.20	(10
	100,000.00	140,761.24		150,862.07	200,000.00		24,137.93	70,507.20	
	-	40,761.24		-	49,137.93		-	46,369.27	

Gastos y Prod. Financieros				Gastos de Ventas				Gastos de Administración		
7)	2,639.00	$ 20,000.00	(5 1)	5,000.00		2)	8,000.00		
		8,750.00	(6 9)	23,000.00		9)	12,000.00		
		35,670.00	(10						
	2,639.00	64,420.00		28,000.00	-		20,000.00	-
	-	61,781.00		28,000.00	-		20,000.00	-

Acreedores Diversos		
	130,000.00	(SI
-	130,000.00	
-	130,000.00	

Ejercicio 3

Sistema Inventarios Perpetuo
Balanza Comprobación

CIA. MEXICANA, S.A.

BALANZA DE COMPROBACIÓN

DEL 1 DE ENERO AL 31 DE DICIEMBRE DEL 201_

Cuentas	Saldos Iniciales		Movimientos		Saldos Finales	
	Debe	Haber	Debe	Haber	Debe	Haber
Caja	80,000		188,500.00	166,250.00	102,250.00	
Bancos	75,000		63,500.00	130,080.00	8,420.00	
Almacén	500,000		144,500.00	120,000.00	524,500.00	
Clientes	30,000			20,000.00	10,000.00	
Mobiliario	260,000			260,000.00		
Proveedores		350,000				350,000.00
Acreedores Diversos		130,000				130,000.00
Capital Social		365,000				365,000.00
IVA por Acreditar			7,702.24		7,702.24	
Documentos por pagar		100,000	100,000.00	40,761.24		40,761.24
Ventas			150,862.07	200,000.00		49,137.93
IVA por pagar			24,137.93	70,507.20		46,369.27
Documentos por cobrar			279,177.20		279,177.20	
Costo de venta			120,000.00	112,000.00	8,000.00	
Productos Financieros			2,639.00	64,420.00		61,781.00
Gastos de Administración			20,000.00		20,000.00	
Gastos de Venta			28,000.00		28,000.00	
Pérdida Venta A.F.			55,000.00		55,000.00	-
SUMAS IGUALES	945,000	945,000	1,184,018.44	1,184,018.44	1,043,049.44	1,043,049.44

CIA. MEXICANA, S.A.
ESTADO DE PERDIDAS Y GANANCIAS
DEL 1 ENERO AL 31 DE DICIEMBRE DEL 201___

VENTAS NETAS		$ 49,137.93	
Costo de ventas		8,000.00	
UTILIDAD SOBRE VENTAS			41,137.93
GASTOS DE OPERACIÓN			
GASTOS DE VENTA		28,000.00	
GASTOS DE ADMINISTRACIÓN		20,000.00	
GASTOS Y PRODUCTOS FINANCIEROS		61,781.00	- 13,781.00
UTILIDAD DE OPERACIÓN			54,918.93
OTROS GASTOS Y PRODUCTOS			
Pérdida en Venta de Activo Fijo			55,000.00
UTILIDAD DEL EJERCICIO			-$ 81.07

Sistema Inventarios Perpetuo   Ejercicio 3
Balanza Comprobación

CIA. MEXICANA, S.A.
BALANCE GENERAL
AL 31 DE DICIEMBRE DEL 201__

	ACTIVO		PASIVO	
ACTIVO CIRCULANTE			**PASIVO CIRCULANTE**	
Caja	$ 102,250.00		Proveedores	350,000.00
Bancos	8,420.00		Acreedores Diversos	130,000.00
Almacén	524,500.00		Documentos por pagar	40,761.24
Clientes	10,000.00		IVA por Pagar	46,369.27
IVA por Acreeditar	7,702.24			567,130.51
Documentos por cobrar	279,177.20		**CAPITAL CONTABLE**	
			Capital social	365,000.00
			Pérdida Ejercicio	- 81.07	364,918.93
SUMA ACTIVO	$ 932,049.44		**SUMA PASIVO Y CAPITAL**	$ 932,049.44

5.5 Hoja de trabajo

Es un papel de trabajo del Contador en el cual resume las actividades al final de un periodo contable con la finalidad de verificar la exactitud de los registros contables.

Consta de catorce columnas, aumentándose a las seis de las de la Balanza de Comprobación, las siguientes:

Ajustes, (dos columnas, debe y haber)

Saldos Ajustados, (dos columnas, debe y haber),

Estado de Perdidas y Ganancias, (dos columnas, debe y haber),

Balance General, (dos columnas, debe y haber).

Después de los Saldos Finales el contador tiene la obligación de verificar que dichos saldos estén de acuerdo a lo que realmente tiene la empresa, si no es así, se procederá a elaborar los ajustes.

Los Saldos Ajustados serán los saldos ya correctos de acuerdo a la realidad y con ellos se elaborarán los Estados Financieros.

Dentro de las columnas del Estado de Perdidas y Ganancias se cancelarán las cuentas de resultados, y se determinará la Utilidad o pérdida, la cual se llevará a la columna de Balance General, así como las cuentas respectivas de dicho estado financiero.

Procedimiento:

1. Prepare el encabezamiento adecuado
2. Haga una lista de los nombres de las cuentas del mayor
3. Registre Saldos Iniciales
4. Vacíe en las columnas de movimientos, sólo el movimiento que tuvo cada cuenta y si las sumas de debe y haber son iguales, se tendrá la plena seguridad de que no hay error en el registro en las cuentas T.
5. Prepare las columnas de Ajustes

Ajustes

Al cierre de operaciones de un ejercicio, debe revisarse la información que haya resultado del registro de las operaciones, ajustando aquellas partidas que no reflejen la realidad.

Por lo tanto, antes de elaborar los estados financieros es necesario comprobar que los saldos de las cuentas se encuentren debidamente amparados con la documentación contable. Procediendo a verificar que el saldo de cada una de las cuentas esté de acuerdo a la realidad.

Se ejemplifican ajustes en las siguientes cuentas:

Caja

Para comprobar que realmente existe determinado saldo, se practica un *Arqueo de Caja* (recuento de numerario).

Se pueden presentar los siguientes casos:

1. Que el arqueo sea igual al saldo de la cuenta de Caja.
2. Que el arqueo sea menor que el saldo de la cuenta de Caja (*Faltante*)
3. Que el arqueo sea mayor que el saldo de la cuenta de caja (*Sobrante*).

Procedimiento:

1. Cuando el arqueo es igual al saldo de la cuenta de Caja, no es necesario hacer ningún ajuste, porque no existe diferencia.

2. El Faltante puede ser por:
   a) Operaciones efectuadas por el cajero y no reportadas
   b) Cantidades dispuestas por el cajero o pagadas de más.

3. El Sobrante puede ser por:
   a) Cobros efectuados de mas, (proceder a identificar el cliente).
   b) Cuando no se identifique se registra como (Otros Productos).

Bancos

El saldo final de la cuenta de bancos, puede no conciliar con el saldo del estado de cuenta del banco, por lo siguiente:

1. Por existir cheques en tránsito
2. Porque el banco nos efectuó algún cargo y no nos llegó el aviso.
3. Porque el banco nos abonó algún interés y no nos llegó el aviso.

Procedimiento:

1. Cuando la diferencia entre el saldo de nuestra cuenta de bancos y el saldo del estado de cuenta del banco, es por existir cheques en tránsito, no se debe efectuar ningún ajuste, ya que al ser presentados los cheques y el banco los pague, los saldos serán iguales.
2. Los cargos que frecuentemente efectúan los bancos son por comisiones, ya sea por manejo de cuenta o por falso cobro.
3. El banco nos abona interés cuando se tiene alguna inversión a plazo fijo.

Almacén

El saldo de la cuenta de almacén puede no ser igual al inventario físico por las siguientes causas:

1. Que existan mercancías en malas condiciones
2. Que existan mermas de mercancías, esto sucede cuando el artículo que maneja la empresa está sujeto a volatización o se despacha por peso o medida.
3. Cuando el almacenista haya dispuesto de mercancías.

Se debe abonar a la cuenta de almacén para dar de baja a la mercancía que ya no existe y cargar a una cuenta de gastos cuando sea el caso 1 y 2, ya que se consideran gastos normales y la empresa los absorbe.

En el caso 3, se cargará a una cuenta de deudores diversos (almacenista).

Clientes

En la práctica se ha visto que no todo el saldo de la cuenta de clientes se llega a cobrar debido ya sea al fallecimiento del cliente, a quiebra, incendio, etc.

Por lo tanto, hay que efectuar una estimación para cuentas incobrables.

El ajuste se efectuará de la siguiente manera:

Se cargará a una cuenta de gastos de venta: *Cuentas incobrables*

se abonará a una cuenta de activo de naturaleza acreedora llamada: *Previsión para cuentas Incobrables*, que se presenta en el Balance General disminuyendo la cuenta de clientes.

Mobiliario

Por el uso, su valor disminuye, se deprecia en un periodo económico estable.

La depreciación es un gasto, por lo que se carga a una cuenta de: *Depreciación de mobiliario.*

Se abona a una cuenta de activo de naturaleza acreedora llamada *Depreciación acumulada de Mobiliario.*

Cualquier cuenta de activo diferido.

La parte que se ajusta es la devengada o gastada.

Se disminuye la cuenta de activo diferido abonándola y cargando a una cuenta de gasto.

Por lo tanto toda cuenta de *activo diferido* tiende a convertirse en g*asto.*

Cualquier cuenta de pasivo diferido.

La parte que se ajuste es la devengada o gastada.

Se disminuye la cuenta de pasivo diferido cargándola y abonando a una cuenta de producto o ingreso.

Ejercicio 1 de la Hoja de Trabajo por medio del sistema de inventarios perpetuo.

Primero hágalo manualmente y después llévelo a Excel, en una hoja para asientos, otra para cuentas T, Hoja de Trabajo y Estados Financieros, haciendo los enlaces correspondientes.

Saldos Iniciales:

Caja.................	$ 100.	Mobiliario	30,000.
Bancos.............	5,000.	Proveedores.......	5,000.
Almacén	15,000.	Capital...............	48,100.
Clientes............	3,000.		

Movimientos:

1) Se compran mercancías por $1,200., entregamos el 50% con cheque y el 50% con un documento a tres meses con el 12% de interés.

2) La compra anterior ocasionó gastos por $75., que pagamos en efectivo.

3) Se venden mercancías por $5,500., nos entregan el 10% en efectivo y el resto con un documento a tres meses con el 5% de interés mensual. El costo es de $1,100.

4) Se venden mercancías por $15,000., nos entregan el 50% con cheque y el 50% nos lo quedan a deber. El costo es de $ 7,500.

5) Pagamos el saldo a los proveedores, concediéndonos un descuento del 10% por pronto pago, entregamos cheque.

6) Se compra equipo de reparto por $10,000., entregamos un documento a 15 meses con un 8% de interés.

7) Se paga con cheque lo siguiente: Papelería $600.l, mantenimiento equipo de reparto $800.

A J U S T E S:

8) El Arqueo de caja reflejó la existencia de $700.: El cajero no había reportado las siguientes operaciones: Una venta por un total de $2,300., con un costo de $1,100.; Liquidó el IVA; Pagó una nota de gasolina por un total de $718.75, y sobre la diferencia restante no se encontró justificación.

9) Del saldo de la cuenta de clientes se estima como incobrable un 3%.

10) Calcular y aplicar la depreciación del mobiliario, es mobiliario de oficinas, se aplica el método uniforme de depreciación, valor de desecho $3,000., y vida probable 10 años.

Hoja de Trabajo   Ejercicio 1
Sistema Inventarios Perpetuo

IVA	16%					ASIENTOS CONTABLES		
	OPERACIONES							
	Saldos Iniciales					SI	Cargo	Abono
$ 100.00	Caja	+		Caja			$ 100.00	
5,000.00	Bancos	+		Bancos			5,000.00	
15,000.00	Almacén	+		Almacén			15,000.00	
3,000.00	Clientes	+		Clientes			3,000.00	
30,000.00	Mobiliario	+		Mobiliario			30,000.00	
5,000.00	Proveedores	-		Proveedores				5,000.00
48,100.00	Capital	-		Capital				48,100.00
	1)					1		
1,200.00	Almacén	+		Almacén			1,200.00	
192.00	IVA por acreeditar	+		IVA por acreeditar			192.00	
1,392.00	TOTAL			Intereses a cargo			83.52	
696.00	50% Bancos	-		IVA por acreeditar			13.36	
696.00				Bancos				696.00
83.52	12% Intereses a cargo	+		Documentos por pagar				792.88
13.36	IVA por acreeditar	+						
792.88	Documentos por pagar	-						
	2)					2		
75.00	Almacén	+		Almacén			75.00	
12.00	IVA por acreeditar	+		IVA por acreeditar			12.00	
87.00	Caja	-		Caja				87.00
	3)					3		
5,500.00	Ventas	-		Caja			638.00	
880.00	IVA x pagar	-		Documentos por cobrar			6,741.11	
6,380.00	TOTAL			Ventas				5,500.00
638.00	10% Caja	+		IVA x pagar				880.00
5,742.00				Intereses a favor				861.30
861.30	15% Intereses a favor	-		IVA por pagar				137.81
137.81	IVA por pagar	-						
6,741.11	Documentos por cobrar	+						

	3a)				3a	
1,100.00		Almacén	-	Costo de ventas	1,100.00	
1,100.00		Costo de ventas	+	Almacén		1,100.00
	4)				4	
15,000.00		Ventas	-	Bancos	8,700.00	
2,400.00		IVA por pagar	-	Clientes	8,700.00	
17,400.00		TOTAL		Ventas		15,000.00
8,700.00	50%	Bancos	+	IVA por pagar		2,400.00
8,700.00	50%	Clientes	+			
	4a)				4a)	
7,500.00		Almacén	-	Costo de ventas	7,500.00	
7,500.00		Costo de venta	+	Almacén		7,500.00
	5)				5	
5,000.00		Proveedores	+	Proveedores	5,000.00	
500.00	10%	Productos financieros	-	Productos financieros		500.00
4,500.00		Bancos	-	Bancos		4,500.00
	6)				6	
10,000.00		Equipo de Reparto	+	Equipo de Reparto	10,000.00	
1,600.00		IVA por acreeditar	+	IVA por acreeditar	1,600.00	
11,600.00				Int a cargo	928.00	
928.00	8%	Int a cargo	+	IVA por acreeditar	148.48	
148.48		IVA por acreeditar	+	Documentos por pagar		12,676.48
12,676.48		Documentos por pagar	-			
	7)				7	
600.00		Gastos de admon	+	Gastos de admon	600.00	
800.00		Gastos de venta	+	Gastos de venta	800.00	
224.00		IVA por acreeditar	+	IVA por acreeditar	224.00	
1,624.00		Bancos	-	Bancos		1,624.00

Ejercicio 1

Hoja de Trabajo
Sistema Inventarios Perpetuo

Caja

	Debe		Haber
SI)	100.00	2)	8?.00
3)	638.00		
	738.00		8?.00
	651.00		

Bancos

	Debe		Haber
SI)	5,000.00	1)	696.00
2)	8,700.00	5)	4,500.00
		7)	1,624.00
	13,700.00		6,820.00
	6,880.00		

Almacén

	Debe		Haber
SI)	15,000.00	3a)	1,100.00
4)	1,200.00	3a)	7,500.00
	75.00		
	16,275.00		8,600.00
	7,675.00		

Clientes

	Debe		Haber
SI)	3,000.00		
	8,700.00		
	11,700.00		
	11,700.00		

Proveedores

	Debe		Haber
	5,000.00	SI)	5,000.00
	5,000.00	5)	5,000.00
			5,000.00

Documentos por pagar

	Debe		Haber
		1)	792.88
		6)	12,676.48
			13,469.36
			13,469.36

Mobiliario

	Debe		Haber
SI)	30,000.00		
	30,000.00		
	30,000.00		

Ventas

	Debe		Haber
		3)	5,500.00
		4)	15,000.00
			20,500.00
			20,500.00

IVA por pagar

	Debe		Haber
		3)	1,017.81
		4)	2,400.00
			3,417.81
			3,417.81

Gastos de Administración

	Debe		Haber
7)	600.00		
	600.00		
	600.00		

Capital

	Debe		Haber
		SI)	48,100.00
	48,100.00		48,100.00

IVA por Acreditar

	Debe		Haber
1)	205.36		
2)	12.00		
6)	1,748.48		
7)	224.00		
	2,189.84		
	2,189.84		

Intereses a cargo

	Debe		Haber
1)	83.52		
6)	928.00		
	1,011.52		
	1,011.52		

Documentos por cobrar

	Debe		Haber
	6,741.11		
	6,741.11		
	6,741.11		

Costo de ventas

	Debe		Haber
3a)	1,100.00		
5a)	7,500.00		
	8,600.00		
	8,600.00		

Equipo de Reparto

	Debe		Haber
5) 6)	10,000.00		
	10,000.00		
	10,000.00		

Productos financieros

	Debe		Haber
		5) 6)	500.00
			500.00
			500.00

Intereses a favor

	Debe		Haber
		3)	861.30
			861.30
			861.30

Gastos de ventas

	Debe		Haber
7)	800.00		
	800.00		
	800.00		

Hoja de Trabajo   Ejercicio 1
Sistema Inventarios Perpetuo

8)		**Caminito Caja**							
	$ 651.00	Saldo Final Caja		a)	$ 2,300.00	Caja	+		-$ 36.04
	2,300.00	+ Caja			$ 1,982.76	Ventas	-		
	$ 2,951.00	=			$ 317.24	IVA x pagar	-		
	1,545.21	- Caja							
	$ 1,405.79			b)	$ 1,100.00	Almacen	-		
	718.75	- Caja			$ 1,100.00	Costo de ventas	+		
	$ 687.04	Debería caja							
	700.00	Arqueo de Caja		c)	$ 2,189.84	IVA x acreed	-		
					$ 3,735.05	IVA x pagar	+		
	12.96	**Sobrante**			$ 1,545.21	Caja	-		
				d)	$ 718.75	Caja	-		
					$ 619.61	Gasolina (G.V)	+		
					$ 99.14	IVA x acreed	+		
				e)	$ 12.96	Caja	+		
					$ 12.96	Sobrante (OG y P)	-		
9)									
	$11,700.00	Clientes							
	$ 351.00	3% Cuentas Incobrables	+						
	$ 351.00	Prev de cuen inc	-						
10)					$ 3,000.00	Valor de deshecho			10 vida probable
	$30,000.00	Mobiliario			$ 2,700.00				
	$ 2,700.00	Dep de mob	+						
	$ 2,700.00	Dep acu de mob	-						

Ejercicio 1

Hoja de Trabajo
Sistema Inventarios Perpetuo

Cuentas	Saldos Iniciales Debe	Saldos Iniciales Haber	Movimientos Debe	Movimientos Haber	Saldos Finales Debe	Saldos Finales Haber	Ajustes Debe	Ajustes Haber	Saldos Ajustados Debe	Saldos Ajustados Haber	Perdidas y ganancias Debe	Perdidas y ganancias Haber	Balance General Debe	Balance General Haber
Caja	100		638.00	87.00	651.00		2,312.96	2,263.96	700.00				700.00	
Bancos	5,000		8,700.00	6,820.00	6,880.00				6,880.00				6,880.00	
Almacén	15,000		1,275.00	8,600.00	7,675.00			1,100.00	6,575.00				6,575.00	
Clientes	3,000		8,700.00		11,700.00				11,700.00				11,700.00	
Mobiliarios	30,000				30,000.00				30,000.00				30,000.00	
Proveedores		5,000	5,000.00											
Capital		48,100				48,100.00				48,100.00				48,100.00
Intereses a cargo			1,011.52		1,011.52				1,011.52		1,011.52			
IVA por acreed			2,189.84		2,189.84		99.14	2,189.84	99.14				99.14	
Documentos por pagar				13,469.36		13,469.36				13,469.36				13,469.36
Ventas				20,500.00		20,500.00		1,982.76		22,482.76		22,482.76		
IVA por pagar				3,417.81		3,417.81	3,735.05	317.24						
Intereses a favor				861.30		861.30				861.30		861.30		
Documentos por cobrar			6,741.11		6,741.11				6,741.11				6,741.11	
Costo de venta			8,600.00		8,600.00		1,100.00		9,700.00		9,700.00			
Productos Financieros				500.00		500.00				500.00		500.00		
Equipo de Reparto			10,000.00		10,000.00				10,000.00				10,000.00	
Gastos de Administración			600.00		600.00				600.00		600.00			
Gastos de Venta			800.00		800.00				800.00		800.00			
Gasolina (G.V)							619.61		619.61		619.61			
Sobrante caja (OG y P)								12.96		12.96		12.96		
Cuentas Incobrables							351.00		351.00		351.00			
Previsión C. Incobrables								351.00		351.00				351.00
Depreciación de Mob.							2,700.00		2,700.00		2,700.00			
Dep. Acumulada Mob								2,700.00		2,700.00				2,700.00
Utilidad del Ejercicio											8,074.88			8,074.88
SUMAS IGUALES	53,100	53,100	54,255.47	54,255.47	86,848.47	86,848.47	10,917.76	10,917.76	88,477.38	88,477.38	23,857.01	23,857.01	72,695.25	72,695.25

Recapitulación Perdidas y ganancias:

	Debe	Haber	
Costo	9,700.00	22,482.76	Ventas
G.V.	1,770.61	1,361.30	P.F.
G.A.	3,300.00	12.96	O.G. y P.
G.F.	1,011.52		
	15,782.13	23,857.01	

Hoja de Trabajo
Sistema Inventarios Perpetuo
Ejercicio 1

CIA. MEXICANA, S.A.
ESTADO DE PERDIDAS Y GANANCIAS
DEL 1 ENERO AL 31 DE DICIEMBRE DEL 201_

VENTAS NETAS		$ 22,482.76	
Costo de ventas		9,700.00	
UTILIDAD SOBRE VENTAS			12,782.76
GASTOS DE OPERACIÓN			
GASTOS DE VENTA		1,770.61	
GASTOS DE ADMINISTRACIÓN		3,300.00	
GASTOS Y PRODUCTOS FINANCIEROS			
Intereses a cargo	1,011.52		
Intereses a favor	1,361.30	- 349.78	4,720.83
UTILIDAD DE OPERACIÓN			8,061.93
OTROS GASTOS Y PRODUCTOS			12.96
UTILIDAD DEL EJERCICIO			$ 8,074.88

Hoja de Trabajo
Sistema Inventarios Perpetuo

Ejercicio 1

CIA. MEXICANA, S.A.
BALANCE GENERAL
AL 31 DE DICIEMBRE DEL 201__

		ACTIVO		PASIVO		
ACTIVO CIRCULANTE				**PASIVO CIRCULANTE**		
				Documentos por pagar		13,469.36
Caja		700.00				
Bancos		6,880.00				
Almacén		6,575.00		**CAPITAL CONTABLE**		
Clientes	11,700.00			Capital social	48,100.00	
Prevision C.Inc.	351.00	11,349.00		Utilidad Ejerc.	8,074.88	56,174.88
Documentos por cobrar		6,741.11				
IVA por Acreeditar		99.14	32,344.25			
ACTIVO FIJO						
Mobiliario	30,000.00					
Depreciación Acumulada Mobiliario	2,700.00	$ 27,300.00				
Eq de reparto		10,000.00	37,300.00			
SUMA ACTIVO			$ 69,644.25	**SUMA PASIVO Y CAPITAL**		$ 69,644.25

Métodos de evaluación de inventarios

Debido a las modificaciones en los precios, el costo de las materias primas y suministros comprados o de artículos listos para la venta, puede variar con el tiempo, de tal forma que el encargado del almacén tendrá dificultades para determinar el costo al que deberá dar salida a las unidades pedidas por los departamentos productivos o el de los artículos vendidos en cada ocasión.

Algunos de los métodos utilizados en el costeo de materiales o artículos, que tratan de establecer criterios definidos al respecto (cuando se lleva el método de inventarios perpetuos), son:

    Primeras entradas, primeras salidas (PEPS)
    Últimas entradas, primeras salidas (UEPS)
    Promedios ponderados (Promedio móvil ó promedio global).

Reglas de Valuación de Inventarios.

"La Normatividad de valuación para inventarios es el costo de adquisición o producción en que se incurre al comprar o fabricar un artículo, lo que significa, en principio, la suma de las erogaciones aplicables a la compra y los cargos que directa o indirectamente se incurren para dar a un artículo su condición de uso o venta".

Una empresa puede elegir cualquiera de los métodos de costeo de inventario:

PEPS, UEPS y Promedios ponderados ó Promedio móvil.

Método PEPS

El método PEPS como su nombre lo indica, consiste en dar salida a los costos de los primeros artículos que se compraron o primeras entradas, hasta que estas queden agotadas, siguiendo con los costos de las entradas subsecuentes.

De esta forma los Inventarios quedarán valuados al concepto de las últimas entradas.

Este método debe ser de aplicación consistente y se recomienda emplearlo en los ciclos económicos en los cuales los precios tengan una tendencia decreciente.

Debe aclararse que la aplicación de este método se refiere al precio de los artículos, más no las unidades físicas ya que éstas son técnicamente iguales, por lo que lo único que varía es su precio de adquisición. En algunas ocasiones el método se aplicará también a las unidades físicas como en los casos de perecederos, medicinas y materiales que estén sujetos a caducidad.

Ejemplo:

1. Se compran 100 unidades a $300., cada una, según factura # 32
2. Se envían a producción 20 unidades según requisición # 234
3. Se compran 50 unidades a $250., cada una, según factura # 431
4. Se envían a producción 70 unidades según requisición # 345
5. Se envían a producción 30 unidades según requisición # 425
6. Se compran 80 unidades a $230., cada una, según factura #761
7. Se envían a producción 20 unidades según requisición # 900

TARJETA DE ALMACÉN

PEPS

Concepto	Entrada unidades	Salida unidades	Existencia unidades	Costo	Debe	Haber	Saldo
Compra	100		100	$300	$30,000		$30,000
Requisición		20	80	300		6,000	24,000
Compra	50		130	250	12,500		36,500
Requisición		70	60	300		21,000	15,500
Requisición		30	30	300.00 20-		8,000	7,500
Compra	80		110	230	18,400		25,900
Requisición		20	90	250		5,000	20,900

Método UEPS

El Método UEPS es opuesto al PEPS y se utiliza cuando los ciclos económicos son de precios ascendentes.

Consiste en dar salida primero a precios de las últimas entradas hasta que estas se agoten para luego seguir con las anteriores.

UEPS, asume que las últimas que se compraron son las primeras que se venden.

Ejemplo:

1. Se compran 50 unidades a $600., cada una, según factura # 32
2. Se envían a producción 20 unidades según requisición # 234
3. Se compran 30 unidades a $620., cada una, según factura # 431
4. Se envían a producción 40 unidades según requisición # 345
5. Se compran 40 unidades a $630., cada una, según factura #761
6. Se envían a producción 20 unidades según requisición # 900

TARJETA DE ALMACEN

UEPS

Concepto	Entrada unidades	Salida unidades	Existencia unidades	Costo	Debe	Haber	Saldo
Compra	50		50	$600	$30,000		$30,000
Requisición		20	30	600		12,000	18,000
Compra	30		60	620	18,600		36,600
Requisición		40	20	30-620. 10-600.		24,600	12,000
Compra	40		60	630	25,200		37,200
Requisición		20	40	630.00		12,600.00	$24,600

Método Promedios Ponderados.

Consiste en determinar el costo promedio de las unidades que vayan quedando en existencia después de una entrada o salida. El promedio se obtiene dividiendo el saldo entre la existencia.

En la práctica es el método más utilizado por su fácil aplicación ya que el precio al que se dará salida será igual al último promedio.

Ejemplo:

1. Se compran 1000 unidades a $35.00 cada una según factura # 190
2. Se envían a producción 200 unidades según requisición # 9

3. Se compran 500 unidades a $ 36.00 cada una según factura # 233

4. Se envían a producción 300 unidades según requisición # 12

5. Se compran 200 unidades a $40.00 cada una según factura # 350

6. Se envían a producción 500 unidades según requisición #27

TARJETA DE ALMACEN

P P

Concepto	Entrada unidades	Salida unidades	Existencia unidades	Costo	Debe	Haber	Saldo
Compra	1000		1000	$35.00	$35,000.00		$35,000.00
Requisición		200	800	35.00		7,000.00	28,000.00
Compra	500		1300	36.00	18,000.00		46,000.00
Requisición		300	1000	35.38		10,614.00	35,386.00
Compra	200		1200	40.00	8,000.00		43,356.00
Requisición		500	700	36.15		18,075.00	$25,311.00

Ejercicio 2 de la Hoja de trabajo por el Sistema de Inventarios perpetuo.

Se le pide elabore la hoja de trabajo y estados financieros, (Estado de pérdidas y ganancias y el Balance General).

Primero hágalo manualmente y después llévelo a Excel, en una hoja para asientos, otra para cuentas T, Hoja de Trabajo y Estados Financieros, haciendo los enlaces correspondientes.

La empresa Tecnológico II se dedica a la distribución de mesas de caoba, para el 1º. de Enero del 200_, cuenta con los siguientes saldos iniciales:

Caja……………………………$ 1,000.

Bancos………………………… 10,000.

Almacén……………………… 30,000. , en 300 mesas de caoba

Clientes………………………… 4,000. , en mueblería El Gallo $3,000.

                                              Mueblería González   1,000.

Mobiliario……… …………….20,000.

Proveedores………………… 5,000. , a Maderera Mexicana   5,000.

Documentos por pagar…….. 1,800. , a Maderas del Norte……   1,800.

Capital………… ……………$ (determínelo)

Utilice el método UEPS para valorizar inventarios

Durante el mes de Enero realizó las siguientes operaciones:

1. Se compró a Maderera Mexicana 50 mesas de caoba a $150., cada una + IVA, se paga 40% con cheque, el resto a crédito.

2. Se vende a Mueblería González 150 Mesas de Caoba a un precio de venta de $300., cada una + IVA, nos pagan 50%, con cheque y el resto a crédito.

3. Se realiza la venta de 10 mesas de caoba a un precio de venta de $500., cada una + IVA, a nuestro cliente Mueblería el Gallo, nos pagan con cheque y se le concede un descuento del 10% por pronto pago.

4. Nuestro cliente la Mueblería González nos hace una devolución de la venta realizada en la operación 2 por cinco mesas de caoba, valor que acreditamos a su respectiva cuenta.

5. Pasan a cobrar una factura por concepto de anuncio publicado por $1,150., con IVA incluido, se paga con cheque.

6. Se paga con cheque un documento vencido de nuestro proveedor Maderas del Norte por valor de $1,800.

7. Se pagan los sueldos de la primera quincena con cheque por $3,000., corresponden: 50% al departamento de ventas y 50% al Departamento de Administración.

AJUSTES

8. El arqueo de caja reflejó la existencia de $500. El cajero pagó una nota de gasolina por un total de $460., y sobre la diferencia restante no se encontró justificación.

9. El estado de cuenta del banco tiene un saldo de $25,552.07, la diferencia se debe a un cheque a favor de la Secretaría de hacienda y crédito público por liquidación del IVA, ya que fue cobrado pero no se ha contabilizado.

10. En el almacén existe una mesa de caoba quebrada que ya no se va a poder vender.

11. Del saldo de la cuenta de clientes se estima como incobrable un 5%.

12. Calcular y aplicar la depreciación del mobiliario por medio del método uniforme, es mobiliario de oficinas, valor de desecho $2,000., y vida probable 10 años.

MÉTODO PARA VALORIZAR INVENTARIOS UEPS

AUXILIAR CUENTA DE ALMACÉN

MESAS DE CAOBA

Entrada unidades	Salida unidades	Existencia unidades	Costo	Debe	Haber	Saldo
300		300	$100	$30,000		$30,000
50		350	$150	7,500		37,500
	150	200	50-$150. 100-$100.		17,500	20,000
	10	190	$100		1,000	19,000
5		195	$150	750		19,750
	1	194	150		150	$19,600

Hoja de Trabajo   Ejercicio 2
Método UEPS

IVA	16%						Cargo	Abono
					ASIENTOS CONTABLES			
		OPERACIONES					Cargo	Abono
		Saldos Iniciales				SI		
$ 1,000.00		Caja	+	Caja			$1,000.00	
10,000.00		Bancos	+	Bancos			10,000.00	
30,000.00		Almacén	+	Almacen			30,000.00	
4,000.00		Clientes	+	Clientes			4,000.00	
20,000.00		Mobiliario	+	Mobiliario			20,000.00	
5,000.00		Proveedores	-		Proveedores			5,000.00
1,800.00		Documentos por pagar	-		Doc x pagar			1,800.00
58,200.00		Capital	-		Capital			58,200.00
	1)					1		
7,500.00		Almacen	+	Almacen			7,500.00	
1,200.00		IVA por Acreeditar	+	IVA por Acreeditar			1,200.00	
8,700.00		Total			Bancos			3,480.00
3,480.00	40%	Bancos	-		Proveedores			5,220.00
5,220.00	60%	Proveedores	-					
	2)					2		
45,000.00		Ventas	-	Bancos			26,100.00	
7,200.00		IVA por pagar	-	Clientes Gzlez.			26,100.00	
52,200.00					Ventas			45,000.00
26,100.00	50%	Bancos	+		IVA por pagar			7,200.00
26,100.00		Clientes Gzlez.	+					
	2a)					2a		
17,500.00		Almacen	-	Costo de ventas			17,500.00	
17,500.00		Costo de ventas	+		Almacen			17,500.00
	3)					3		
5,000.00		Ventas	-	Bancos			5,220.00	
800.00		IVA por pagar	-	Gastos Financieros			580.00	
5,800.00					Ventas			5,000.00
5,220.00	90%	Bancos	+		IVA por pagar			800.00
580.00	10%	Gastos Financieros	+					

Hoja de Trabajo   Ejercicio 2
Método UEPS

	3a)			**3a**		
1,000.00		Almacen	-	Costo de ventas	1,000.00	
1,000.00		Costo de ventas	+	**Almacen**		1,000.00
	4)			**4**		
1,500.00		Ventas	+	Ventas	1,500.00	
240.00		IVA por pagar	+	IVA por pagar	240.00	
1,740.00		Clientes	-	Clientes		1,740.00
	4a)			**4a**		
750.00		Almacen	+	Almacen	750.00	
750.00		Costo de ventas	-	**Costo de ventas**		750.00
	5)			**5**		
991.38		Propaganda	+	Propaganda	991.38	
158.62		IVA por Acreeditar	+	IVA por Acreeditar	158.62	
1,150.00		Bancos	-	**Bancos**		1,150.00
	6)			**6**		
1,800.00		Documentos por pagar	+	Documentos por pagar	1,800.00	
1,800.00		Bancos	-	**Bancos**		1,800.00
	7)			**7**		
3,000.00		Bancos	-	Gastos de Administración	1,500.00	
1,500.00	50%	Gastos de Administración	+	Gastos de Venta	1,500.00	
1,500.00	50%	Gastos de Venta	+	**Bancos**		3,000.00

Hoja de Trabajo   Ejercicio 2
Método UEPS

TARJETA AUXILIAR DE ALMACÉN

	UNIDADES						
	Entrada	Salida	Existencia	Costo	Debe	Haber	Saldo
1)	300		300	100.00	30,000.00		30,000.00
2)	50		350	150.00	7,500.00		37,500.00
3)		50	300	150.00		7,500.00	30,000.00
		100	200	100.00		10,000.00	20,000.00
4)		10	290	100.00		1,000.00	19,000.00
5)	5		295	150.00	750.00		19,750.00

Ejercicio 2

Hoja de Trabajo
Método UEPS

Caja

Debe	Haber
1,000.00	
1,000.00	1,000.00

Bancos

Debe		Haber	
(1	10,000.00	3,480.00	(1
2)	26,100.00	1,150.00	(5 1)
3)	5,220.00	1,800.00	(6 4a)
		3,000.00	(7
	41,320.00	9,430.00	
	31,890.00	-	

Documentos por pagar

Debe		Haber	
6)	1,800.00	1,800.00	(SI
	1,800.00	1,800.00	
	-		

Almacén

Debe		Haber	
(1	30,000.00	17,500.00	(2a
	7,500.00	1,000.00	(3a 2)
	750.00		
	38,250.00	18,500.00	
	19,750.00	-	

IVA por Acreeditar

Debe		Haber
1)	1,200.00	
5)	158.62	
	1,358.62	
	1,358.62	

Capital

Debe	Haber	
	58,200.00	(SI
	58,200.00	
	58,200.00	

Clientes

Debe		Haber	
(4	4,000.00	1,740.00	(4
	26,100.00		
	30,100.00	1,740.00	
	28,360.00	-	

Mobiliario

Debe	Haber
20,000.00	
20,000.00	20,000.00

Costo de ventas

Debe		Haber	
(4a	17,500.00	750.00	(4a
	1,000.00		
	18,500.00	750.00	
	17,750.00		

IVA por Pagar

Debe		Haber	
	240.00	7,200.00	(2 2a)
		800.00	(3 3a)
	240.00	8,000.00	
	-	7,760.00	

Ventas

Debe		Haber	
4)	1,500.00	45,000.00	(2 4)
		5,000.00	(3
	1,500.00	50,000.00	
		48,500.00	

Productos Financieros

Debe	Haber	
3)	580.00	
	580.00	
	580.00	

Gastos de administración

Debe	Haber
1,500.00	
1,500.00	1,500.00

Gastos de Venta

Debe		Haber
5)	991.38	
7)	1,500.00	
	2,491.38	
	2,491.38	

Hoja de Trabajo   Ejercicio 2
Método UEPS

8)			Caminito de Caja					
	1,000.00		Saldo Final		a)	$ 460.00	Caja	-
	460.00	-	Caja			396.55	Gasolina G.V.	+
	540.00		Debería			63.45	IVA x acreed	+
	500.00		Arqueo de Caja					
	40.00		Faltante en Caja		b)	40.00	Deudores Div.(cajero)	+
						40.00	Caja	-
9)								
	25,552.07		Saldo de banco			1,422.07	IVA x acreeditar	-
						7,760.00	IVA x pagar	+
						6,337.93	Banco	-
				31,890.00	Saldo final de banco			
				25,552.07				
10)	150.00		Gastos de Venta					
	150.00		Almacén					
	28,360.00		Clientes					
11)	1,418.00	5%	Cuentas Incobrables	+				
	1,418.00		Prevención Ctas. Incobrables	-				
						$ 2,000.00	Valor de deshecho	
	20,000.00		Mobiliario			$ 1,800.00	Depreciación	
12)	1,800.00		Depresiación de Mobiliario	+		10	años vida probable	
	1,800.00		Depresiación Acumulada	-				

Ejercicio 2

Hoja de Trabajo
Método UEPS

Cuentas	Saldos Iniciales Debe	Saldos Iniciales Haber	Movimientos Debe	Movimientos Haber	Saldos Finales Debe	Saldos Finales Haber	Ajustes Debe	Ajustes Haber	Saldos Ajustados Debe	Saldos Ajustados Haber	Perdidas y ganancias Debe	Perdidas y ganancias Haber	Balance General Debe	Balance General Haber
Caja	1,000.00				1,000.00			500.00	500.00				500.00	
Bancos	10,000.00		31,320.00	9,430.00	31,890.00			6,337.93	25,552.07				25,552.07	
Almacen	30,000.00		8,250.00	18,500.00	19,750.00			150.00	19,600.00				19,600.00	
Clientes	4,000.00		26,100.00	1,740.00	28,360.00				28,360.00				28,360.00	
Mobiliarios	20,000.00				20,000.00				20,000.00				20,000.00	
Proveedores		5,000.00		5,220.00		10,220.00				10,220.00				10,220.00
Documentos por pagar		1,800.00	1,800.00											
Capital		58,200.00				58,200.00				58,200.00				58,200.00
IVA por Acreditar			1,358.62		1,358.62		63.45	1,422.07						
Ventas			1,500.00	50,000.00		48,500.00				48,500.00		48,500.00		
IVA por Pagar			240.00	8,000.00		7,760.00	7,760.00							
Costo de venta			18,500.00	750.00	17,750.00				17,750.00		17,750.00			
Productos Financieros			580.00		580.00				580.00		580.00			
Gastos de Administración			1,500.00		1,500.00				1,500.00		1,500.00			
Gastos de venta			2,491.38		2,491.38				2,491.38		2,491.38			
Gasolina (G.V)							396.55		396.55		396.55			
Deudores Div. (cajero)							40.00		40.00		40.00			
Merc.Mal Edo.(G.V.)							150.00		150.00		150.00			
Cuentas Incobrables							1,418.00		1,418.00		1,418.00			
Previsión Cuent. Inc.								1,418.00		1,418.00				1,418.00
Depreciación Mob.							1,800.00		1,800.00		1,800.00			
Deprec.acum. Mob.								1,800.00		1,800.00				1,800.00
Utilidad del Ejercicio											22,374.07			22,374.07
									Costo		17,750.00	Ventas		
									G.V.		4,455.93			
									G.A.		3,300.00			
									G.F.		620.00			
											26,125.93			
SUMAS IGUALES	65,000.00	65,000.00	93,640.00	93,640.00	124,680.00	124,680.00	11,628.00	11,628.00	120,138.00	120,138.00	48,500.00	48,500.00	94,012.07	94,012.07

CIA. MEXICANA, S.A.

ESTADO DE PERDIDAS Y GANANCIAS

DEL 1 DE ENERO AL 31 DE DICIEMBRE DEL 201__

VENTAS NETAS		$ 48,500.00	
COSTO DE VENTAS		17,750.00	
UTILIDAD SOBRE VENTAS			30,750.00
GASTOS DE ADMINISTRACIÓN		3,300.00	
GASTOS DE VENTA		4,455.93	
OTROS GASTOS Y PRODUCTOS		620.00	8,375.93
UTILIDAD DEL EJERCICIO			$ 22,374.07

Hoja de Trabajo
Método UEPS

Ejercicio 2

CIA. MEXICANA, S.A.
BALANCE GENERAL
AL 31 DE DICIEMBRE DEL 201__

ACTIVO			PASIVO		
ACTIVO CIRCULANTE			**PASIVO CIRCULANTE**		
Caja		$ 500.00	Proveedores		$ 10,220.00
Bancos		25,552.07			
Mercancías		19,600.00			
Clientes	28,360.00		**CAPITAL CONTABLE**		
Previsión ctas.Inc.	1,418.00	26,942.00	Capital Social	58,200.00	
		72,594.07	Utilidad	22,374.07	80,574.07
A.F.					
Mobiliario	20,000.00				
Depreciación Acum.Mob.	- 1,800.00	18,200.00			
SUMA ACTIVO		**$ 90,794.07**	**SUMA PASIVO Y CAPITAL**		**$ 90,794.07**

5.6 Cierre del ejercicio (estados financieros y asientos de cierre)

Se procederá a la cancelación de las cuentas de resultados por medio de una cuenta que se creará, llamándola Utilidad o Pérdida del Ejercicio, en donde del lado izquierdo se registrarán los ingresos y del lado derecho los gastos, la contrapartida a estos registros será en cada cuenta para su cancelación.

Este procedimiento se efectuó en las columnas del Estado de Pérdidas y Ganancias de la Hoja de Trabajo.

Elaboración de estados financieros

De la Hoja de Trabajo se tomará la información para elaborar los Estados Financieros clasificados para su presentación a las personas interesadas en los mismos.

Lineamientos PARA AFIRMAR COMPETENCIAS ADQUIRIDAS:

Interacción en equipo. Intégrese en equipo y dé respuesta a la pregunta generadora.

Participe en la discusión con el fin de concretar una respuesta en equipo.

¿Qué procedimientos conoce para el registro de mercancías?

¿Cuales son las cuentas características para registrar las operaciones de mercancías de cada procedimiento?

¿Ventajas y desventajas de cada procedimiento?

¿Señale los diferentes métodos de valuación de inventarios?

¿Conoce las diferencias que existen entre los métodos de valuación de inventarios: PEPS, UEPS y PROMEDIOS PONDERADOS?

¿Qué es un ajuste?

BIBLIOGRAFÌA

1) Instituto Mexicano de Contadores Públicos, A.C., Boletín A-1, *Esquema de la Teoría básica de la Contabilidad Financiera*, párrafos 5 y 6, México 1990.

10) Normas de Información Financiera
http://www.imcp.org.mx/spip.php?article2814

2) Romero Javier, Principios de Contabilidad, Ed. Mc Graw Hill, 2002, p.65.

11) Ídem, p... 46.

12) Ídem, p. 393.

3) Código Fiscal de la Federación, *Publicado en el Diario Oficial de la Federación del 31 de Diciembre de 1981.*

4) Reglamento del Código Fiscal de la Federación *Publicado en el DOF del 29 de Febrero de 1984.*

5) Ley del Impuesto Sobre la Renta, *Publicado en el DOF del 1° de Enero del 2002*

6) Reglamento de la Ley del Impuesto Sobre la Renta, *Publicado en el DOF del 29 de Febrero de 1984.*

7) Ley del Impuesto al Valor Agregado, *Publicado en el DOF del 29 Diciembre de 1978.*

8) Código de Comercio, *Publicado en el DOF del 7 de Octubre de 1889.*

9) Guajardo Cantú Gerardo, Contabilidad Financiera, Ed. Mc. Graw Hill, 1992, p.9.

13) Torres Tovar, Juan Carlos; *Catálogo de Cuentas, Cómo hacerlo*, México, Facultad de Contaduría y Administración, UNAM, 1988.

14) Niño Alvarez Raúl, Contabilidad Intermedia II, ESCA-IPN, 3° Ed., México Trillas, 1983.